Text:
Agnes Amberg,
Mitarbeit Hedy Grubenmann

Lektorat:
Rut Kummer

Fotos:
Harry Burst

Grafik:
Peter Hilfiker, Jo Walker

Produktion:
Bütler + Partner AG

Copyright:

Das Gelbe Heft
Schweizer Woche
(Ringier AG)

**Vertriebspartner
BRD/Österreich:**
Südwest Verlag, München

ISBN 3 85859 223-4

BESSER KOCHEN
MIT AGNES AMBERG

Ein Kochlehrgang,
in dem die
erfolgreiche Spitzenköchin
Agnes Amberg
Schritt für Schritt erklärt,
worauf es
beim Kochen ankommt.

Agnes Amberg

Liebe Leserinnen und Leser

Ich kann nur sehr laienhaft kochen, obwohl Kochen zu meinem Beruf gehört: Als Chefredaktor einer der grössten und populärsten Zeitschriften der Schweiz wird mir Woche für Woche bewusst, wie wichtig die Rubrik «Kochen» ist, wie sehr es unsere Leserinnen und Leser schätzen, gluschtig gemacht zu werden. Das hat uns bewogen, eine grosse Serie unter dem Motto «Ein Spitzenkoch lässt sich in die Töpfe gucken» zu publizieren. Eine Serie, die als Grundlage für das diente, was Sie jetzt in den Händen halten.

Kochen: eine Kunst, die jeder lernen kann

Vor Ihnen liegt ein Kochbuch, das sich von der Masse ähnlicher Publikationen abhebt: Sie finden auf den nächsten 120 Seiten weder eine Grundschule des Kochens für Anfänger noch eine kunterbunte Sammlung irgendwelcher zufällig ausgewählter Rezepte.

«Besser kochen mit Agnes Amberg» – schon der Buchtitel verrät es – will einen Schritt weiter gehen: Wir möchten Ihnen zeigen, dass Kochen eine Kunst ist. Eine Kunst, die jede Frau und jeder Mann lernen kann – vorausgesetzt, sie haben den richtigen Lehrmeister.

Ich bin stolz, dass es uns gelungen ist, Agnes Amberg, eine der renommiertesten Köchinnen der Schweiz, für unseren kulinarischen Lehrgang zu gewinnnen. Denn der Name Amberg steht nicht nur für Spitzenküche in ihrem Feinschmecker-Restaurant in Zürich: Agnes Amberg hat mehrere erfolgreiche Kochbücher verfasst, und ihre Kochschule, die sie seit 1968 betreibt, geniesst internationalen Ruhm.

Agnes Amberg ist also geradezu prädestiniert, Sie, liebe Leserinnen und Leser, in die Hohe Schule der Kochkunst einzuführen.

In zwölf Kapiteln erklärt die Starköchin die unterschiedlichsten Zubereitungsmethoden für die verschiedenen Lebensmittel. Schritt für Schritt wird jeder Arbeitsgang in Text und Bild erläutert. Über 100 Rezepte ergänzen die neue Kochschule.

Agnes Amberg aber geht noch einen Schritt weiter: Sie verrät Ihnen auch Tips und Kniffe, die in keinem Kochbuch verzeichnet sind, die nur der Profi aus Erfahrung kennt.

Denn: «Besser kochen mit Agnes Amberg» soll Ihnen, liebe Leserinnen und Leser, zeigen, dass Spitzenküche nicht nur in Restaurants, sondern auch zu Hause möglich ist.

Egal, ob Sie einfach oder raffiniert kochen, ob Sie ein schnelles oder ein aufwendiges Gericht ausprobieren: Ich würde mich freuen, wenn das vorliegende Buch einen festen Platz in Ihrer Küche finden würde.

Ich wünsche Ihnen auf alle Fälle schon jetzt «En Guete»!

Urs Brotschi
Chefredaktor

Das Gelbe Heft
SCHWEIZER WOCHE

Siedfleisch ist schlicht genial

Von schlicht und einfach
bis luxuriös-raffiniert –
so vielseitig ist
Siedfleisch je nach Anzahl
und Auswahl der Zutaten.

Wie alt die Kochmethode des Siedens ist, lässt sich kaum ermitteln. Zuvor kannte man vermutlich einzig das Braten am Feuer.

Je nachdem, welches Resultat man erzielen möchte, gibt man das Nahrungsmittel in die kalte oder warme, in die gesalzene oder ungesalzene Flüssigkeit. Als Regel gilt: Will man eine gute Flüssigkeit bekommen (zum Beispiel für Suppen), legt man die geschmackgebenden Gemüse und Knochen mit Fleischabschnitten ins kalte, ungesalzene Wasser; wünscht man von einem Nahrungsmittel, dass es in erster Linie seinen Geschmack behält, gibt man es ins kochende, gesalzene Wasser.

Wir beginnen mit dem **Sieden von Fleisch.** Siedfleisch, Suppenfleisch, Pot-au-feu, oder wie man es nennen mag, ist ein uraltes Gericht, das sich im Laufe der Zeit nur wenig verändert hat. Die Zubereitung macht keine grossen Schwierigkeiten, und die Zutaten sind leicht zu bekommen.

Siedfleisch ist populär, denn es lässt einem die Wahl: Sie können, je nach Belieben, mehr von der Brühe schöpfen oder vom Gemüse oder vom Fleisch (nicht einmal die Reihenfolge ist festgelegt!), Sie können es kalorienarm geniessen oder üppig, als einfaches, traditionelles Samstagsgericht oder in Luxusausführung mit Gästen. Siedfleisch bringt eine herzhaft-kräftige Brühe, viel Fleisch (mit Senf!) auf den Teller, und es ist unkompliziert zu essen. Ein bisschen erinnert es auch an Muttern…

Ein nicht zu unterschätzender Vorteil von Siedfleisch besteht darin, dass man es im voraus zubereiten kann. Das gilt auch für die meisten Beilagen.

Schliesslich: Serviert man zuvor Salat aus rohem Gemüse und tischt man nachher frische Früchte auf, so erhält man eine Mahlzeit von perfekter Ausgewogenheit.

Siedfleisch und seine Zutaten

Wasser: Verwenden Sie nie warmes Leitungswasser, es beeinträchtigt den Geschmack. Nehmen Sie frisches, kaltes Wasser.

Suppenknochen: Sie werden erst blanchiert (d. h. man lässt sie in kochendem

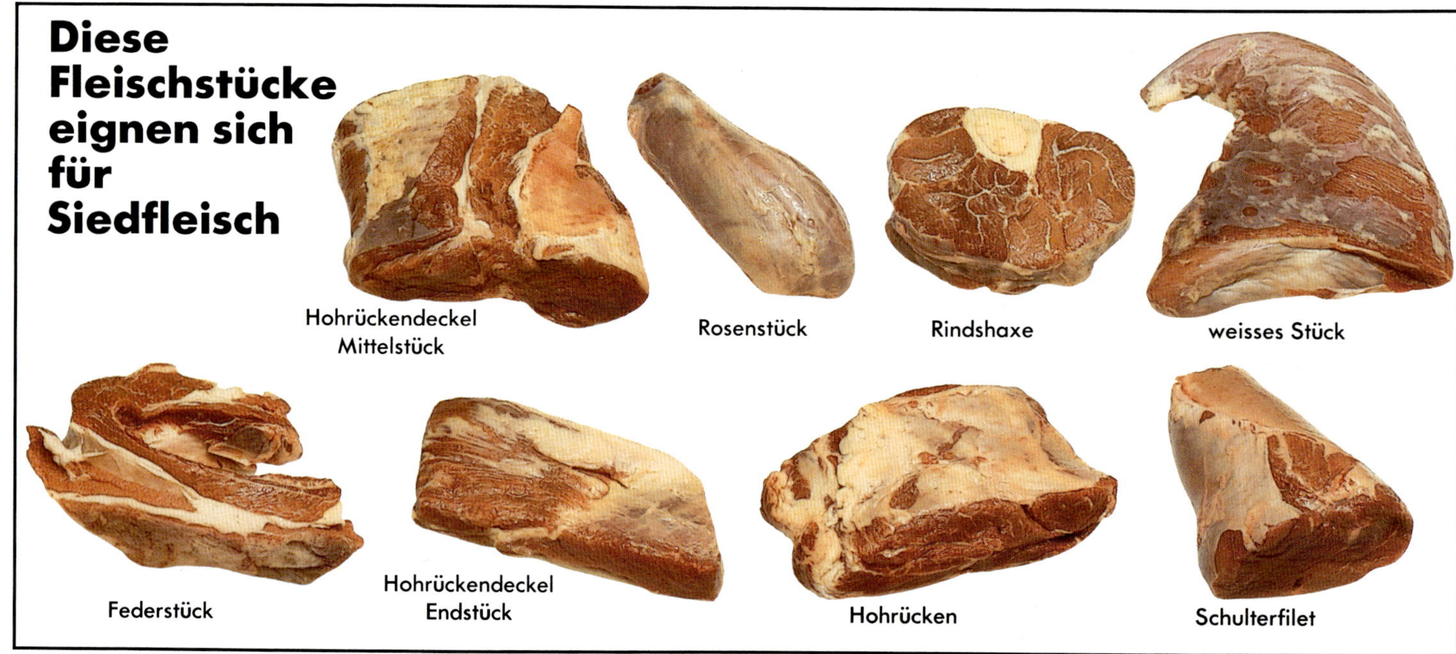

Diese Fleischstücke eignen sich für Siedfleisch

Wasser überwellen). So können sie die Eiweissstoffe abgeben, die sonst die Suppe trüben. Auch Markknochen legen Sie separat in etwas ziehende Würfelbouillon (ca. 15 Minuten), die Bouillon wird so weniger fett.

Besteckte Zwiebel: Halbieren Sie die ungeschälte Zwiebel und legen Sie die Schnittflächen auf die Herdplatte, die Sie zuvor mit einem Stück Alufolie abgedeckt haben. Gut anbräunen, doch nicht schwarz werden lassen! Die geröstete Zwiebel gibt der Bouillon eine schöne Farbe und einen guten Geschmack. Besteckt wird sie mit einem kleinen Lorbeerblatt und einer Nelke (Vorsicht: Beide Gewürze haben einen intensiven Geschmack!).

Salz: Auf 1 Liter Wasser rechnet man 1 gestrichenen Esslöffel Salz. Wann salzen?

Wenn Sie ein kräftiges, saftiges Fleisch wünschen, geben Sie das Salz vor dem Fleisch in die siedende Flüssigkeit. Legen Sie mehr Wert auf eine kräftige Bouillon, setzen Sie das Fleisch im ungesalzenen, kalten Wasser auf und salzen erst am Schluss.

Und der gute Kompromiss? Kaltes Wasser mit den blanchierten Knochen und den Gemüsen aufsetzen; wenn es siedet, salzen und das Fleisch zugeben.

Eine Grundregel: Salz «sättigt» die Flüssigkeit; das Nahrungsmittel laugt nicht vollständig aus.

Siedfleisch: Berechnen Sie 100–200 Gramm pro Person. Welche Fleischstücke eignen sich? Anfänger lassen sich am besten vom Metzger beraten. Im übrigen kommt es darauf an, ob Sie das Fleisch lieber mager oder saftig essen. Am besten ist fettdurchzogenes Fleisch, und eines der am besten durchzogenen Stücke erhält man mit dem **Hohrücken** oder **Hohrückendeckel**. Weniger fett und eher trocken sind **Laffenspitz** und «**Babeli**» aus Stotzen. Der berühmte «**Spatz**» kommt aus dem **Federstück** resp. aus der Brust, und die «**Mus**» oder der **Schenkel** vom Rind ist das gleiche Stück wie der «Osso bucco» beim Kalb.

Echter Tafelspitz, die Wiener Spezialität, ist bei uns nicht zu bekommen, denn in Österreich wird das Fleisch anders zerlegt. Hierzulande kauft man Huftdeckel, der aber wegen seiner Lagerung eine bedeutend kürzere Kochzeit hat.

Gut verwenden für Siedfleisch lässt sich auch Kuhfleisch – vorausgesetzt, dass es jung ist.

Gemüse: Sie bringen Geschmack in die Suppe. Kocht man das Gemüse von Anfang an mit, nimmt man es heraus, sobald es weich ist. Rüebli, Sellerie und Lauch sind immer dabei, dazu die besteckte Zwiebel und einige zusammengebundene Petersilienstengel. Im übrigen richtet sich die Zusammenstellung der Gemüse nach Saison und Geschmack. Wirz und Kohl sind ideal, es eignen sich aber auch Kohlraben, Bleichsellerie, Bohnen. Vorsicht geboten ist bei Kohl und Sellerie, deren Geschmack gern überwiegt.

Wassermenge: Für 2 Kilo Fleisch nimmt man 4–5 Liter Wasser. Mit anderen Worten: Fleisch, Knochen, Gemüse müssen in jedem Fall vollständig von Wasser bedeckt sein.

Kochzeit: Pro Kilo Fleisch sind, je nach Qualität, 1–1,5 Stunden Kochzeit zu rechnen. Sie reduziert sich mit zunehmender Menge: zirka 2 Stunden für 2 Kilo, 2,5 Stunden für 3 Kilo Fleisch usw., immer der Fleischqualität angepasst. Probe: Wenn Sie mit einem spitzen Messer oder besser noch mit einer Dressiernadel ins Fleisch stechen, soll es keinen Widerstand leisten. Regel: Fleisch braucht 6- bis 8mal länger als Gemüse, je nach Fleischstück und Gewicht.

Kochtemperatur: Schalten Sie die Hitze hoch und lassen Sie die Flüssigkeit aufkochen. Den Schaum, der dabei entsteht (es handelt sich um das austretende Eiweiss), schöpfen Sie nach und nach ab. Damit die Brühe klar bleibt, darf sie nach dem Aufkochen nicht mehr sieden, sondern nur noch vor dem Siedepunkt ziehen.

Wie Sie Siedfleisch verwenden und verwerten können

Sie können Siedfleisch (in der Bouillon aufbewahrt, damit es nicht austrocknet) ohne weiteres auch in der Fleischbrühe wärmen; die Flüssigkeit darf aber nicht kochen.

Kalt schmeckt Siedfleisch ausgezeichnet als **Salat an Vinaigrette**. Es wird sehr dünn geschnitten und mit einem Teil der Sauce zuerst etwa 30 Minuten bei Zimmertemperatur mariniert. Den Rest der Essigsauce geben Sie erst kurz vor dem Servieren bei. Mein Rat: Träufeln Sie im letzten Moment noch etwas heisse Bouillon über den Siedfleischsalat; er schmeckt lauwarm besser.

Nicht zu zählen sind die Möglichkeiten, die sich bieten, wenn man aus dem Siedfleisch **Haché** macht. Man hackt es fein (ideal ist, wenn man es durch den Fleischwolf treiben kann) und lässt es anziehen mit Olivenöl, Zwiebel, Knoblauch, fügt geschälte Tomaten und Thymian bei, löscht mit Rotwein ab, lässt einkochen, giesst Bouillon zu und kocht weiter, doch nicht so lang wie bei Hackfleisch. Mit Haché können Sie füllen: Tomaten, Peperoni, Auberginen, Zucchetti usw.; es lässt sich verwenden als Füllung italienischer Teigwarenspezialitäten wie Lasagne, Ravioli, Tortellini, dann auch für Omeletten und Pfannkuchen. Weiter eignet sich Haché für Gratins; fügt man hauchdünne Zwiebelringe und Bouillon zu und überbackt man es – mit Käse bestreut – im Ofen, entsteht der beliebte französische Miroton aus der klassischen Küche. Eine schwedische Spezialität besteht aus Würfelchen von gekochtem Fleisch (Siedfleisch) und rohen Kartoffeln, die mit viel grobgeschnittenen Zwiebeln gebraten werden.

Kaltes Siedfleisch schmeckt gut als Salat, angerichtet mit einer rassigen Vinaigrette-Sauce.

Einfaches Siedfleisch
(für etwa 8 Personen)

ca. 2–3 kg Suppenknochen (Rind)
1 Bouquet garni, zusammengebunden
2 Suppenlauch
10–15 Peterlistiele
2–3 Stengel mit Selleriekraut
2 Rüebli
1 Zwiebel mit Schale
1 Lorbeerblatt
1 Nelke
Salz und 6 zerdrückte Pfefferkörner
ca. 2 kg Rindfleisch
8 kleine oder 4 grössere Rüebli
½ bis 1 ganzer Wirsing oder Kohl (je nach Grösse)
½ Sellerieknolle oder 2 Stengel Bleichsellerie

Ganz perfekt: Die Suppenknochen wenn möglich vom Metzger zerhacken lassen und mit viel kaltem Wasser aufsetzen. Während 7–9 Stunden vor dem Siedepunkt ziehen lassen. Zwischendurch immer wieder abschäumen, damit die Flüssigkeit klar wird. So entsteht die sogenannte Knochenbrühe, die Basis für ein gutes Siedfleisch sein kann, aber nicht unbedingt muss. Sie wird an Stelle von Wasser zum Ansetzen des Siedfleisches verwendet.

Gewohnte Art: Die Suppenknochen blanchieren, d.h. kurz aufkochen, damit diese die trübenden Eiweissstoffe abgeben können. Abschütten und blanchierte Knochen sowie die zusammengebundenen Gemüse, die auf der Herdplatte angeröstete Zwiebel mit Schale, Lorbeerblatt und Nelke mit viel kaltem Wasser aufsetzen. Zirka 1 Stunde ziehen lassen, dann salzen und pfeffern. Jetzt das Fleisch eintauchen. Es soll während der ganzen Kochzeit von Flüssigkeit bedeckt sein. Während 2 bis 2,5 Stunden knapp vor dem Siedepunkt ziehen lassen. Von Zeit zu Zeit abschäumen. Etwa 30 Minuten vor dem Servieren Gemüsebouquet sowie Knochen herausnehmen und die übrigen vorbereiteten und grobgeschnittenen Gemüse in die Suppe geben. Sobald Fleisch und Gemüse weich sind, die Suppe nach Geschmack nachwürzen und alles zusammen servieren.

Petite Marmite Henri IV

Klassisch: Die Fleischbrühe in einer Schüssel anrichten, die mit einer Serviette bedeckt wird. Extra dazu serviert man kleine geröstete Brotschnitten, mit Markscheiben belegt.

Die Markknochen in separater Würfelbrühe etwa 10 Minuten ziehen lassen, das Mark auslösen und in Scheiben schneiden.

Die kleine Marmite wird manchmal auch als Pot-au-feu oder – wenn mit Poulet angereichert – als Poule-au-pot serviert.

Alle Siedfleischbeilagen passen auch zur Marmite.

...was ich ausserdem empfehle

■ Je grösser die Menge ist, die Sie zubereiten, um so schmackhafter wird der Suppentopf. Sind grosse Mengen (ab 2 Kilo Fleisch) nicht möglich, können Sie die doppelte Menge Knochen verwenden und eventuell mit Trockenbouillon nachhelfen.

■ Sie werden staunen über den guten Geschmack der Rindsbouillon, wenn Sie ihr – Spargelschalen beigegeben haben. Wie man dazu kommt? Die Spargelschalen nach dem Rüsten trocknen und in geschlossener Blechdose aufbewahren.

■ Gekochtes Suppengemüse sieht nicht immer sehr schön aus. Will man Gemüse anmächelig präsentieren, kommt man nicht darum herum, separat frische Produkte der Saison zu kochen: Frühlingsrüebli, jungen Lauch, feine Bohnen, Bleichsellerie, Wirsing. Ich rate, sie im Dampf über Bouillon zu garen. Das Suppengemüse braucht man deswegen nicht wegzuwerfen. Man kann es pürieren, mit Kräutern abschmecken und bei anderer Gelegenheit als Gemüsesuppe auftischen.

■ So sehr ich sonst für den energiesparenden Dampfkochtopf bin: Wenn man eine möglichst klare Suppe bekommen will, würde ich ihn nicht verwenden, denn er macht es unmöglich, den Schaum fortwährend abzuschöpfen.

■ Wenn Sie aufgewärmtes Suppenfleisch vor dem Servieren sehr dünn aufschneiden, können Sie dem Gaumen ein Schnippchen schlagen: Er realisiert weniger, dass das Fleisch vielleicht etwas trockener ist...

So rührt man eine Mayonnaise

1. Zutaten: Eigelb, Salz, Pfeffer, Senf.
2. Diese Zutaten verrühren, bis sie binden.
3. Öl zuerst tropfenweise, dann in grösseren Mengen unterrühren.
4. Die dicke Mayonnaise am Schluss mit Zitronensaft verdünnen.

Eine ganz gewöhnliche Mayonnaise...

Sie ist, im Mixer gerührt, überhaupt kein Problem. Geben Sie 1 Ei, ½ Teelöffel Salz, etwa 10 Umdrehungen frisch gemahlenen Pfeffer und 1 Teelöffel Senf mit 2 dl Öl in den Mixbecher. Lassen Sie laufen, die Mayonnaise ist innert Sekunden fest. Säure, egal ob Zitrone oder irgendeine Essigsorte, kommt in jedem Fall erst nach dem Festwerden der Sauce dazu.

Von Hand gerührte Mayonnaise verlangt das Beachten einiger Regeln: Es ist nicht sehr wichtig, dass alle Zutaten Zimmertemperatur haben. Viel massgebender ist das Mischen der Zutaten in richtiger Reihenfolge. Man beginnt mit dem Eigelb (das steif geschlagene Eiweiss kann am Schluss zum Lockern darunter gezogen werden), gibt Salz, schwarzen Pfeffer aus der Mühle sowie Senf dazu. Jetzt kräftig rühren, es entsteht bereits eine Emulsion. Nun das Öl zuerst tropfenweise und dann grosszügiger beigeben. Zuletzt mit Säure abschmecken. Säure würzt die Mayonnaise, macht sie leichter verdaulich und verdünnt sie auch. Aber: Niemals von Anfang an beigeben. Säure hemmt die Emulsion.

Es gibt Möglichkeiten, die kalorienreiche Mayonnaise **leichter** zu machen:

■ Mischen Sie der fertigen, kräftig gewürzten Mayonnaise etwa einen Viertel Joghurt nature oder Speisequark bei.

■ Lockern Sie mit Eischnee.

■ Kalorienarmes respektive kalorienfreies Öl verwenden.

Die Beigabe von geschlagenem Rahm verfeinert, macht die Sauce aber nicht leichter!

Nicht vergessen: Bei handgerührter Mayonnaise einen feuchten Abwaschlappen unter die Schüssel legen, damit sie stehen bleibt.

Die Mayonnaise ist Basis für eine Reihe anderer kalter Saucen:

Schnittlauchsauce:
feingehackten Schnittlauch beigeben

Kerbelsauce:
einen Bund Kerbel fein geschnitten zufügen

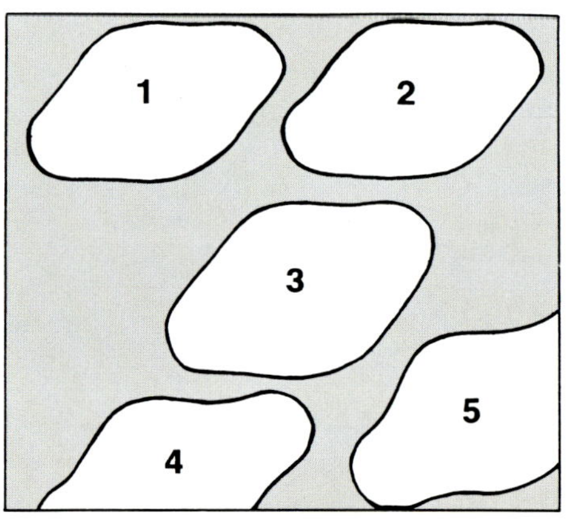

Kalte Saucen auf der Basis von Mayonnaise

1 Senfsauce

2 Kräutersauce

3 Sauce Remoulade

4 Currysauce

5 Olivensauce

Kapernsauce:
zerdrückte Kapern, möglichst ohne Essig, beigeben

Olivensauce:
grüne und schwarze Oliven fein schneiden und zufügen

Remoulade:
Senf, Essiggurken, Kapern, Petersilie, Kerbelkraut, Estragon, Sardellenessenz zufügen.

Senfsauce:
Senf (je nach Senfsorte mehr oder weniger) sowie 3–4 Tropfen Tabasco zufügen

Beilagen, die zum Siedfleisch passen

Gemüse aus der Bouillon
Salzkartoffeln
Röstkartoffeln (in Österreich eine Beilage zu Tafelspitz)
fritierte Zwiebelringe
Salzgurken
Silberzwiebeln
Senffrüchte
Preiselbeeren
Vinaigrette mit Kräutern
Meersalz mit Schnittlauch (man bestreut das Fleisch damit)
Kren (aus Apfel und Meerrettich)
Kalte Saucen wie Senf-, Oliven-, Kräuter-, Sardellensauce (aufgebaut auf Mayonnaise, die besonders leicht wird, wenn man sie mit einem Teil Joghurt nature oder Speisequark streckt).

Was die Suppe trübt

■ Wenn die Knochen vor dem Aufsetzen nicht blanchiert, d.h. überwellt wurden.
■ Wenn stärkehaltige Zutaten wie Kartoffeln oder Teigwaren beigefügt wurden.

Beilagen (von links nach rechts) oben: grobes Meersalz mit Kräutern, Perlzwiebeln, Navets (weisse Rüben), Zwetschgen-Chutney

Mitte: Wirsing, Rüebli, Lauch, Salzgurken

unten: Kartoffeln, Senffrüchte, Meerrettich-Rahm

■ Wenn die Brühe über längere Zeit hinweg kocht.
■ Wenn nicht laufend abgeschäumt wurde.

Weshalb wird die Suppe trüb? Wer es genau wissen will:

Das Wasser löst im Fleisch erst einen Teil des Osmazoms, dann das Eiweiss; es gerinnt bei einer Temperatur von 30 bis 40°C, bildet Schaum und trübt die Flüssigkeit.

Wasser darf nur langsam erhitzen, damit das Eiweiss im Innern des Fleisches vor dem Herauslaufen gerinnt. Das Kochen soll kaum wahrnehmbar sein.

Der Suppentopf und seine Verwandten

Bouillon, angereichert
mit Fleisch und Gemüse,
Huhn und Teigwaren,
wird als Suppentopf zu einer
vollwertigen Mahlzeit.

In seiner einfachsten Art ist der Suppentopf ein durchaus preisgünstiges Gericht. Man braucht nicht viel mehr als Knochen, Suppenfleisch und Gemüse. In diesem Fall gibt der Pot-au-feu auch wenig zu tun: Gemüse rüsten, Zutaten aufsetzen, den Topf sich selber überlassen.

Man kann mit dem Suppentopf aber auch experimentieren, ihn so ausbauen, dass er zum Luxusgericht wird. Oder zu einer Spezialität. Eine Möglichkeit besteht darin, dass zum üblichen Rindfleisch weitere Fleischsorten (Kalbfleisch, mageres Schweinsfilet) zugegeben werden und/oder dass mit separat erwärmten Würsten ergänzt wird. Der berühmte Bollito misto beispielsweise verlangt die Wurstspezialität Zampone. Es kann auch teures Rindsfilet verwendet werden; daraus wird dann «Bœuf à la ficelle». Von «Petite marmite» ist die Rede, wenn zum Rindfleisch Markknochen kommen. Es lässt sich auch Fleisch mit Geflügel mischen – beispielsweise beim spanischen Suppentopf –, oder man kann ausschliesslich Geflügel kochen, zum Beispiel beim Poule-au-pot; davon lässt sich dann die Hühnerplatte ableiten, die man mit Gemüse und einer Vinaigrette-Sauce auftischt…

So kann man den Suppentopf servieren

Man stellt ihn so auf den Tisch, wie er ist: als Suppentopf mit Bouillon, Fleisch, evtl. Geflügel, Wurst und Gemüse. Nach Belieben isst man nun die Suppe aus dem Suppenteller und das separat geschnittene Fleisch vom flachen Teller. Mit Senf und anderen Beilagen.

Möglicherweise essen Sie lieber erst die Suppe und dann getrennt Fleisch und Gemüse. In diesem Fall lässt sich die Bouillon anreichern mit Schnittlauch, Käsecroûtons, zerquirltem Ei, Eierstich, Flädli usw. Vielleicht servieren Sie eine Zuppa pavese? Eine geröstete Brotscheibe wird mit einem pochierten Ei oder einem Spiegelei belegt, mit Käse bestreut und mit Bouillon übergossen.

Eine andere Möglichkeit: Erst das Fleisch mit dem Gemüse und den Beilagen verspeisen und – ähnlich den Chinesen – die Suppe am Schluss geniessen; ein wenig Cognac tut ihr dann gut.

Suppentopf serviert mit vielen verschiedenen frischen Gemüsen, Teigwaren und Käse – fertig ist eine zünftige Minestrone.

Andere Suppen: Bouillon ist besser als Wasser

Bouillon, die vom Suppentopf übrigbleibt, bringt nie in Verlegenheit. Man kann sie für eine grosse Zahl anderer Suppen verwenden, beispielsweise für Gemüse- (Minestrone), Hafer-, Gersten-, Brot-, Creme-, Spinat-, Rüebli-, Mehl-, Kuttel- (Busecca) oder Zwiebelsuppe.

Die einfachsten Suppen sind die **Cremesuppen,** bei denen man etwas Mehl oder Maizena mit Bouillon anrührt und einlaufen lässt. Die Suppe bindet, sobald sie aufkocht. Vorteilhaft ist es, sie 10 Minuten leise ziehen zu lassen, damit die Stärke aufquellen kann. Meistens werden Cremesuppen mit Rahm verfeinert, manchmal mit Eigelb zusätzlich gebunden (d.h. legiert). Man darf sie dann nicht mehr kochen, da sonst das Eigelb gerinnt.

Dankbar sind **Gemüsesuppen.** Sie rüsten mehrere Gemüsesorten und dämpfen sie mit Zwiebeln in etwas Butter an. Sobald alles glasig ist, mit Bouillon ablöschen. Geben Sie des weitern Teigwaren, Bohnenkerne und Käse bei, zum Schluss können Sie eine leibhaftige **Minestra** auftragen.

Einzelne Gemüsesorten können grundsätzlich auf die gleiche Art als Suppe zubereitet werden. Manchmal überstäubt man sie leicht mit Mehl, damit sich die Suppe etwas bindet. Je nach Gemüse wird auf verschiedene Arten abgeschmeckt: Rüebli- und Kressesuppe beispielsweise mit einer Prise Zucker, Lauch mit etwas Knoblauch, Spinat mit ganz feinen Kräutern usw. Besonders kostbar werden Gemüsesuppen, wenn man auf Bindemittel verzichtet, dafür mehr Gemüse verwendet, es fein püriert und Bouillon aufgiesst. Vor dem Anrichten grosszügig

Was manchmal falsch gemacht wird

● In kleinen Haushaltungen neigt man gern dazu, in zu geringen Portionen zu kochen. Suppenfleisch hält sich 3–4 Tage im Kühlschrank und lässt sich gut wieder erwärmen. Sogar tiefkühlen ist möglich, obschon die Bouillon etwas an Geschmack einbüsst und meistens trüb wird.

● Ich habe es schon erlebt, dass es Hausfrauen besonders gut machen wollten, für die Suppe Rindshuft einkauften und sie dann wie Siedfleisch kochten. Schade um das kostbare Fleisch! Rindshuft kann man für Bœuf à la ficelle verwenden, doch muss das Fleisch dann saignant bleiben – man kocht es nur kurz über der Bouillon.

● Immer wieder geschieht es auch, dass die Würste, mit denen man den Suppentopf ergänzt, in der Bouillon erhitzt werden. Das führt zu fettiger Brühe, deshalb sollten die Würste separat erwärmt werden.

● Vielfach wird auch das Siedfleisch falsch geschnitten. Richtig schneidet man es immer quer zur Längsfaser, es bleibt so am zartesten im Biss.

● Das Gemüse wird manchmal zu klein geschnitten.

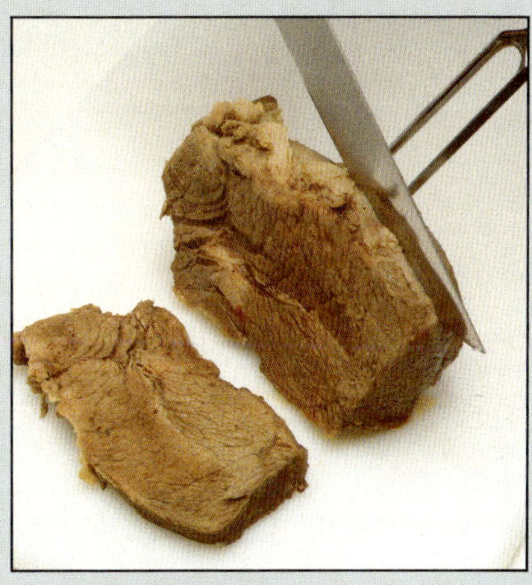

Das Fleisch wird quer zur Faser in Tranchen geschnitten.

geschlagenen Rahm darunterziehen, abschmecken, und fertig ist die delikate **Schaumsuppe.**

Bei anderen Suppen werden die Zutaten mit oder ohne Fettstoffe geröstet. Das gilt beispielsweise für die Zwiebel-, Mehl-, Ochsenschwanzsuppen usw. Man giesst Bouillon auf und kocht die Suppe, bis sie ihren Geschmack voll entwickelt hat.

Rustikale Suppen wie Bohnen-, Kuttel-, Gerstensuppe verlangen viele verschiedene Zutaten, die meistens sehr lange in Bouillon gekocht werden. Sie sind so nahrhaft, dass sie gut eine ganze Mahlzeit ersetzen. Stärkehaltige Produkte wie Reis, Mais, Gerste, Hirse,

Teigwaren können in die Flüssigkeit eingestreut werden, ohne dass sie Knollen bilden. In der Fachsprache nennt man das «trockener Einlauf». Feine Stärkeprodukte wie Mehl oder Maizena rührt man mit etwas Wasser an und lässt sie dann als Teiglein in die Bouillon einlaufen: «nasser Einlauf».

Grundsätzlich kann man aus allem Suppe machen, nicht nur rezente, auch süsse. Doch selbst wenn man Resten verwendet, sollte man auf eine gewisse Frische der Zutaten achten. Eine Schaumsuppe schmeckt bereits nach einer Stunde anders als eine frisch pürierte. Durchs Aufwärmen eher besser hingegen werden rustikale Suppen:

konzentriert schmecken sie würziger. Müssen sie verdünnt werden, so am besten mit Wasser.

Wieviel Suppeneinlagen pro Person?

Auf zirka 3 dl Flüssigkeit rechnet man pro Person:
15 g Griess
15–20 g Gerste, Reis,
Haferflocken, Hülsenfrüchte,
Kartoffeln usw. oder
40–50 g bei Püreesuppen
15–20 g diverse Mehle für
Cremesuppen
100–150 g Gemüse
bis 30 g andere Suppen-
einlagen
10 g Sago, Tapioka

Das Geheimnis der Consommé

Bouillon, so will es die umständliche Definition, ist die Flüssigkeit, die nach vollendetem Kochvorgang übrigbleibt. Sie ist gesund, nahrhaft, allgemein bekömmlich.

Aus der gewöhnlichen Bouillon wird eine Consommé, wenn man sie abkühlen lässt und entfettet. Dazu wird sie mit Hackfleisch und verquirltem Eiweiss aufgekocht. Steigen Rindfleisch und Eiweiss auf, so schöpft man die oberste Schicht sorgfältig ab und lässt die Brühe durch ein Passiertuch fliessen. Weshalb Rindfleisch und Eiweiss? Das Fleisch macht die Brühe kräftig, und das Eiweiss hat die Eigenschaft, die Bouillon zu klären.

Von einer **Consommé double** ist die Rede, wenn man die doppelte Menge Hackfleisch verwendet: 400 Gramm und 1 Eiweiss für 6 Personen. Am häufigsten wird die Consommé aus Rind-

fleisch zubereitet; es gibt sie aber auch aus Geflügel, gemischten Fleischsorten, Wild, Wildgeflügel, Fisch und Meeresfrüchten. Je nach den weiteren Zutaten kennt man Hunderte von Ableitungen:

Consommé aux vermicelles
(mit Fideli)

Consommé printanière
(mit Gemüsekugeln)

Consommé paysanne
(mit Suppengemüse)

Consommé Orsay (Consommé double mit Spargelspitzen)

Consommé indienne (mit Curryreis)

Consommé diane (Wildconsommé mit Wildklösschen)
und so weiter.

Wie Bouillon wird auch Consommé in sehr heissen Tassen serviert, denn die Brühe kühlt in der Regel rasch aus.

Eine Consommé, die von den Zutaten her stimmt, muss nur mit wenig Salz gewürzt werden. Je grössere Portionen man kocht, um so weniger Salz braucht es und um so kräftiger wird sie.

Der Suppentopf und…

…Kalorien: Als rustikales Gericht bringt der Suppentopf mit Markbein, Würsten, Brotcroûtons und anderen deftigen Zutaten verhältnismässig viele Kalorien. Man kann ihn aber auch kalorienarm und leicht zubereiten, wenn man für die Bouillon mageres Fleisch verwendet. Man siebt die Brühe ab und entfernt dann sorgfältig die Fettschicht, bevor man sie wieder erwärmt. Hat man keine Zeit dazu, kann man die Fettschicht mit Küchenkreppapier entfernen.

Wünscht man sich die Bouillon kalorienarm und doch etwas kräftig, macht

man daraus eine Consommé. Doch wird dann auf Beilagen und Saucen verzichtet.

…Diät: Bei Zuckerkrankheit z. B. kann man das Suppenfleisch zusammen mit Sellerie und Blumenkohl kochen, weil diese beiden Gemüse wenig Kohlenhydrate haben. Raffiniert dazu wäre auch gedämpfter Lattich oder Kopfsalatherzen.

…Umwelt: Der Suppentopf lässt sich bis zum letzten Rest verwerten. Da er sich aus den verschiedensten Produkten zusammensetzt, verteilen sich eventuelle Schadstoffe. Weniger glänzend steht er da, wenn es ums Energiesparen geht. Stört man sich nicht an der trüben Bouillon, kann man den Suppentopf im Dampfkochtopf zubereiten. Den Geschmack beeinträchtigt dies nicht.

Hühnerplatte mit Vinaigrette-Gemüsen
(grosses Bild)
(für 6–8 Personen)

1 Gemüsegarnitur für Suppe, bestehend aus etwas Lauch, 1 Rüebli, 1 kleinen Stück Sellerie, 1 zusammengebundenen Kräutersträusschen mit Petersilienstielen

*1 frische Bresse-Poularde
(ca. 1,8 kg, mit Innereien)*

etwas Thymian und 1 Lorbeerblatt

4 schwarze Pfefferkörner, zerdrückt

1 Schalotte

1,5 kg verschiedene Gemüse wie junger Lauch, Rüebli, Wirz, Bohnen, etwas Bohnenkraut, Kohlrabi, Lattichherzen usw.

Essig und Öl mit 3–4 feingehackten Schalotten sowie Salz und Pfeffer, zur Vinaigrette gemischt

100 g feine Nudeln

1 Prise Currypulver

5 Tropfen Tabasco

1 Bund Schnittlauch, fein gehackt

Bœuf à la ficelle, zu deutsch etwa «Rind an der Schnur», ist aus allerbestem Filet und wird über der dampfenden Bouillon langsam gegart, bis es rosa ist.

und 1–1,5 Stunden vor dem Siedepunkt ziehen lassen. Austretendes Fett laufend abschöpfen.

Die jungen Gemüse ebenfalls zurüsten. Etwas Brühe abschöpfen und die Gemüse darin rund 20 Minuten garen. Herausnehmen und noch warm sortenweise mit Vinaigrette mischen. Mit Folie zudecken und warm halten.

Die Poulardenhaut abziehen und das Fleisch in Stücke teilen. Mit den warmen marinierten Gemüsen auf heisse Teller verteilen.

Etwas Brühe absieben und darin die Nudeln etwa 15 Minuten ziehen lassen. Die restliche klare Brühe in Suppenteller verteilen, die Nudeln abschöpfen und mit Curry und Tabasco kräftig würzen. In die heisse Brühe zurückgeben und mit Schnittlauch bestreuen. Nach Fleisch und Gemüse servieren.

Bœuf à la ficelle
(für 10 Personen)

ca. 3 l Rindsbouillon, entfettet
1 El Salz
5 schwarze Pfefferkörner, zerdrückt
200 g Rüebli, gleichmässig zugeschnitten
200 g Navets (weisse Rüben) oder Kohlrabi
5 Lauchstengel (nur Weisses)
2 Stangensellerie
3 Tomaten
1 Stück Wirsing, Weisskabis oder Grünkohl
1 Zwiebel, besteckt mit Lorbeerblatt und Nelke
1 Kräuterbündel aus Peterlistielen, Schnittlauch, Estragon und etwas Rosmarin
1,5–2 kg Rindsfilet, von Sehnen und Fett befreit
10 geröstete Weissbrotscheiben
100 g Greyerzer Käse, gerieben
50 g Tafelbutter

Die Zutaten der Gemüsegarnitur rüsten, in viel kaltem Wasser aufsetzen und das Wasser aufkochen. Die Poularde mit den Kräutern, den Pfefferkörnern und den vorbereiteten Innereien (putzen und evtl. waschen) beigeben. Vorher fette Hautstellen wegschneiden.

Die halbierte Schalotte mit Schale auf der Herdplatte anrösten und ebenfalls beigeben. Alles zusammen erhitzen

Die Rindsbouillon in einem weiten Suppentopf aufsetzen. Salz und Pfeffer zu-

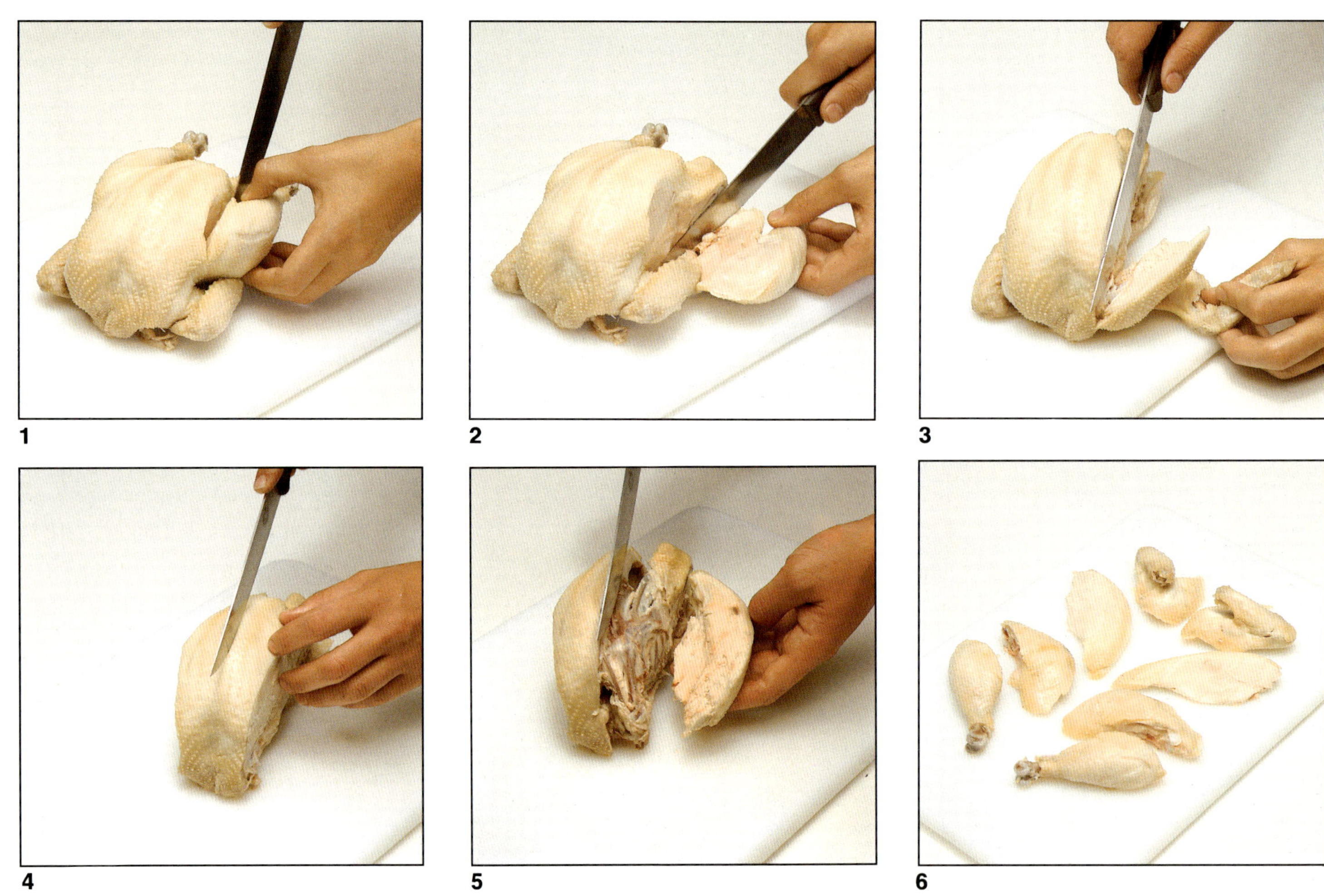

So wird
das Huhn
zerlegt

1. Die Schenkel mit scharfem Messer anschneiden bis zum Gelenk.

2. Dann in der Mitte des Gelenkes durchschneiden.
3. Die Flügel beim Hals anschneiden bis zum
Gelenk und dann dort durchtrennen.
4. Zurück bleibt das Knochengerüst mit den
beiden Brüsten. Mit scharfem Messer auf

beiden Seiten des Brustknochens entlang
einschneiden.
5. Das Brustfleisch vom Brustkorb lösen.
6. Die Schenkel beim Gelenk nochmals in
zwei Teile trennen. Von Oberschenkeln
und Brüstchen die Haut abziehen.

fügen, ebenso alle geputzten und zugeschnittenen Gemüse, die besteckte Zwiebel und die Kräuter. 10 Minuten vor dem Siedepunkt ziehen lassen. Dann das mit Küchenschnur gebundene Filetstück so über dem Topf befestigen, dass es frei über der Bouillon hängt. Zudekken. Die Brühe wieder stark erhitzen, so dass sich durch den aufsteigenden Dampf die Poren des Fleischstücks schliessen. Pro Pfund zirka 7 Minuten ziehen lassen. Es soll beim Anschneiden inwendig rosa sein und ist soweit, wenn beim Andrücken hellrote Fleischsaftperlen auf der Oberfläche erscheinen.

Für die Käsecroûtons die Butter schaumig rühren und den Käse daruntermischen. Die Masse auf die Brotscheibchen streichen und diese unter dem Grill hellbraun toasten.

Das Fleisch in dicke Tranchen schneiden und mit Gemüse und Bouillon auf eine vorgewärmte Platte anrichten.

Käsecroûtons sowie verschiedene Beilagen wie Essiggurken, Zwiebelchen usw. passen gut dazu.

Bollito misto

(für 8 Personen)
Fleisch
1 frisches Suppenhuhn
300 g Kalbskopf oder
1 kleine Kalbszunge oder
300 g Kalbfleisch zum Sieden
(z. B. Brust, Schulter)
600 g Rindfleisch zum Sieden
Würste *(zum Beispiel)*
1 Zampone (700 g) oder
1 Cotechino (400 g) oder
1 Mortadella di fegato (500 g)
8 kleine Rüebli
4 Lauche
½ Sellerie, geschält
8 Kartoffeln
1 l Fleischbouillon

Für die verschiedenen Fleischsorten einen Suppentopf voll Salzwasser oder schwache Fleischbrühe aufsetzen. Das Fleisch eintauchen und darin (je nach Sorte) 1½ bis 2 Stunden ziehen lassen. Es soll total von Brühe bedeckt sein. Es ist auch möglich, jedes Fleischstück separat zu kochen.

Die Würste in viel kochendes Wasser legen. Darin etwa 40 Minuten ziehen lassen.

Die Gemüse zuschneiden und mit den ganzen Kartoffeln in die siedende Bouillon geben. Darin knapp gar kochen. Alles zusammen auf eine grosse Platte anrichten. Nach Belieben Gemüse- und Fleischbouillon zusammenschütten und vorher servieren.

Tip: Nicht erhältliche Wurstwaren können durch andere, bei uns bekannte Wurstarten ersetzt werden.

Was weiter zu Bollito misto passt: Senffrüchte, geröstete Zwiebeln, Oliven, Kapern, marinierte Pilze, Salsa verde.

Vinaigrette: Spielerei mit Essig und Öl

Die Vinaigrette ist eine Sauce auf Essigbasis; es werden ihr Öl, Salz und Pfeffer zugefügt. Man kann mit verschiedenen Essigsorten experimentieren (Balsamico, Kräuter-, Honigessig usw.) und auch mit den Ölsorten spielen. Beim Mischen müssen Sie allerdings darauf achten, dass nicht zwei Öle mit starkem Eigengeschmack eine «Ehe» eingehen (z.B. Haselnuss-, Baumnuss-, Olivenöl). Öle ohne viel Eigengeschmack sind Sonnenblumen-, Erdnuss-, Maiskeim- und Distelöl.

Bestimmt kennen Sie die Grundregel: Erst wird das Salz im Essig gelöst, dann fügt man das Öl bei. Darauf folgen Pfeffer, gehackte Schalotte und verschiedene Kräuter. Schalotten sind feiner als Zwiebeln; kann man sie nicht bekommen, behilft man sich mit jungen Zwiebeln. Auch Zwiebelkraut lässt sich fein schneiden, sogar junger, feiner Lauch. Was die Kräuter betrifft, so dürfen wir ebenfalls nicht die sich konkurrenzierenden mischen, also beispielsweise nicht Rosmarin mit Salbei, Estragon mit Thymian. Lässt man einem Kraut den Vortritt (Schnittlauch, Basilikum, Estragon, Kerbel), so fügt man von den andern nur wenig bei. Petersilie rundet ab. Da gewisse gehackte Kräuter auf Luftzufuhr reagieren (die aus dem Treibhaus sind noch empfindlicher als Kräuter aus dem Freiland), hacken wir sie erst kurz vor dem Anrichten.

Salsa verde

(eine Art Vinaigrette mit vielen Kräutern)
3 Zwiebeln
3 Bund Petersilie
2 Bund Schnittlauch
1 Bund frischer Kerbel
6 Cornichons
4 Essiggurken
1 dl italienischer Rotweinessig
3 dl Olivenöl
½ dl entfettete Geflügelbouillon
1 Tl Senf
Salz und Pfeffer

Zwiebeln, alle Kräuter sowie Cornichons und Gurken sehr fein hacken. Alle andern Zutaten dazurühren.

Wenn die Nudeln sprudeln

Spezialitäten der italienischen
Küche wie Nudeln und Gnocchi,
Mais und Reis eignen sich
als Vorspeise, als Beilage oder
als eigenständige Mahlzeit.

Beim Sieden ist der erste Gedanke: «Teigwaren»; erst in zweiter Linie denkt man auch an Trockenreis, an andere Stärkeprodukte und Gemüse wie Spargel.

Als Faustregel für die Flüssigkeit gilt bei Teigwaren: zehnmal mehr Wasser, damit sie aufquellen können. Lockeres Aufquellen ist nur in viel Flüssigkeit möglich. Und Teigwaren (auch Reis für Trockenreis) soll schwimmen…

Früher pflegte man auch gewisse Gemüse und Salzkartoffeln in ziemlich viel Wasser zu kochen, heute ist dies eher eine üble Gewohnheit. Denn das Gemüse wird geschmacklich ausgelaugt, die löslichen Vitamine und Mineralsalze gehen ins Wasser über (und werden dann weggeschüttet). Wenn man es schon nicht lassen kann, so sollte man das Kochwasser wenigstens für Suppen verwenden.

Weniger Wasser als für Teigwaren nimmt man für Mais, Griess, Hirse und gewisse Reisgerichte.

Fester Mais, z.B. für Schnitten, braucht 5× mehr Wasser
Mais für Gratin 7× mehr
Hirse für Schnitten 2× mehr
Hirse für Gratin 2- bis 3× mehr
Reis für Pilaw 3× mehr
Trockenreis 10× mehr
Milchreis 3- bis 4× mehr
Griessgnocchi 1× mehr

Je mehr Wasser, um so schöner ist der Garungsprozess. Bei grossen Mengen reduziert sich die Wassermenge. Für 1 Kilo Teigwaren beispielsweise braucht man 5 bis 7 Liter.

Allgemein hängt die Wassermenge ab von
● dem Gericht,
● der Art und Beschaffenheit des Stärkeproduktes, beispielsweise, ob es bereits etwas aufgequollen ist;
● der Menge, die zubereitet wird: proportional weniger Flüssigkeit bei grösseren Mengen von Stärkeprodukten.

Aus diesen Gründen ist es schwierig, allgemeine Regeln aufzustellen. Ich kann nur empfehlen, die Rezepturen genau zu befolgen.

Teigwaren-Tips

Wir wissen es: Auf 1 Liter Wasser rechnet man einen gestrichenen Esslöffel Salz, und die Teigwaren sind ins kochende Salzwasser zu geben. Fügt man Öl zu? Die meisten Teigwaren sind heute industriell so behandelt, dass sie nicht mehr kleben. Bei hausgemachten Teigwaren jedoch und wenn man sie glänzend wünscht, kann man auf 1 Liter Wasser 1 Esslöffel Öl beigeben. Man streut die Teigwaren ins Wasser oder taucht Spaghetti, ohne sie zu brechen, ein, bis sie weich werden und sich biegen.

Teigwaren sprudeln lassen, bis sie gar sind, was je nach Qualität 10 bis 20 Minuten dauert. Beachten Sie, was auf der Packung steht.

Hausgemachte, nicht getrocknete Teigwaren, die wir portionenweise kochen, sind fertig, wenn sie an die Oberfläche steigen; das ist nach 2 bis 3 Minuten der Fall. Hausgemachte, getrocknete Teigwaren brauchen zirka 10 Minuten. Die Kochzeit hängt davon ab, wieviel Feuchtigkeit sie enthalten. Massgebend ist auch die Mehlmischung (ob Hartweizen, Vollkorn) oder ob es Zusätze hat (wie Spinat, Tomaten). Spinat- und Tomatenteigwaren benötigen eine kürzere Kochzeit, da sie mehr Feuchtigkeit enthalten. Auch bei frischen, hausgemachten Teigwaren, die vakuumiert oder getrocknet sind, kann ich nur raten: Anweisungen beachten. Falls sich keine finden, mag als Regel gelten: Teigwaren im Kochwasser aufsteigen lassen. Umrühren. Gefüllte Teigwaren wie Ravioli weniger lang kochen.

Was «**al dente**» bedeutet? Über den Garpunkt gehen die Meinungen auseinander. Auf keinen Fall sollten Teigwaren aber zerkocht werden. Garprobe: Eine Nudel an die Kachel oder an den Herd werfen. Klebt sie, kann man abgiessen. Noch verlässlicher ist der Beisstest.

Gewohnheiten…

Nach dem Abgiessen mit **kaltem Wasser abschrecken?** Das hat den Nachteil, dass die Teigwaren abkühlen und ein Teil des Salzes weggespült wird (was zum Vorteil wird, wenn sie versalzen sind). Besser finde ich, die Teigwaren abzugiessen und durch ein zweites warmes Salzwasser zu ziehen, abzuschütten, anzurichten. Bei den heutigen Teigwarenqualitäten ist das allerdings fast nicht mehr nötig; man kann sie in der Pfanne in Butter schwenken und anrichten. Nötig ist es auch nicht, wenn man die Teigwaren mit Sauce mischt.

Angebräunte Butter? Die italienische Küche verwendet sie. Geschmackliche Gründe sprechen dafür, gesundheitliche (Cholesterinbildung) dagegen.

Was den Reis betrifft: einfach abschütten und eventuell kurz überbrausen. Mit Butterflocken auf ein Backblech geben und im vorgeheizten Ofen bei 100°C trocknen.

Teigwaren hausgemacht

Dessen muss man sich bewusst sein: Der Aufwand (vor allem der zeitliche) ist gross und Präzision vonnöten. Nimmt man dies in Kauf, stellen hausgemachte Teigwaren kaum Probleme.

So macht man Nudelteig

1. Zutaten für den Nudelteig
2. Mehl zu einem Ring formen. Wasser, Eier, Salz, Öl verklopfen und in die Mehlmulde fliessen lassen.
3. Den Teig von der Mitte aus von Hand oder mit dem Teighorn zusammenarbeiten.

1

Im (gemischten) Mehl in der Schüssel oder auf dem Teigbrett eine Vertiefung anbringen. Wasser, Salz, Eier und Öl zusammen verklopfen und in die Mehlmitte eingiessen. Den Teig von der Mitte aus sorgfältig zusammenarbeiten. Von Hand etwa 15 Minuten kneten, bis er zart wird. Dabei möglichst wenig Mehl verwenden. Eine Steingut-Teigschüssel mit kochendheissem Wasser füllen und während 5 Minuten vorwärmen. Das Wasser ausgiessen und die heisse, nasse Schüssel über den Teig stülpen, damit er während mindestens 30 Minuten aufquellen kann. Dünn auswallen.

2

3

Das Grundrezept lässt sich auf alle möglichen Arten ableiten, man spricht von 300 verschiedenen Teigwarenformen.

Grüne Teigwaren enthalten Spinat, die roten sind mit Tomaten eingefärbt und besonders gelbe mit Ei oder Safran. Ich habe auch schon schwarze Teigwaren gekostet – schwarz von der Tinte der Tintenfische.

Tips fürs Teigkneten

Wie der Teig geknetet wird, zeigen die Fotos. Der perfekte Teig soll sich ohne Mehl auf dem Tisch kneten lassen – so lange, bis sich im Innern Luftblasen bilden. Der Teig bekommt eine samtene Oberfläche. Ich habe da einen Trick: Ich lasse den Teig auf dem Tisch liegen und bedecke ihn mit einer Keramikschüssel, die ich mit kochendem Wasser angefeuchtet habe. Am besten eignet sich ein unglasiertes Tongeschirr. Man stülpt es über den Teig und lässt ihn ungefähr ½ Stunde so liegen. Er geht auf und wird zart.

Und das Mehl?

Die Industrie arbeitet mit Hartweizengriess. Ich finde normales Weissmehl aus Weizen besonders fein. Die Hausfrau verwendet neben Hartweizengriess auch gerne Mehlmischungen (Vollkorn-,

Nudelteig

(für 4–8 Nudelportionen)

300 g Weissmehl oder
150 g Weissmehl und
150 g Vollkornmehl
6 El Wasser
1 gestrichener El Salz
2 Eier
1 El Olivenöl

Sojamehl). Mein Vorschlag: je ⅓ Vollkorn-, Roggen- und Weissmehl. Macht man die Teigwaren von Hand, kann man gern experimentieren. Nicht so mit der Maschine, bei der man sich genau an die Rezeptur zu halten hat. Ich gebe handgearbeiteten den Vorzug, weil sie – von der Handwärme profitierend – feiner sind.

Das Resultat ist unterschiedlich, hängt ab vom Ausmahlungsgrad, von der Quellfähigkeit des Mehls und der Grösse der Eier. Ist der Teig trocken, gibt man ihm beim Zusammenfügen wenig Öl oder eine Spur Wasser bei; ist er zu feucht, fügt man etwas Mehl (zirka ½ El) zu, nicht zuviel aufs Mal.

Zeitaufwendig: die Verarbeitung

Der Teig zieht sich beim Ausrollen zusammen, bis er eine gewisse Stabilität hat. Das kann ziemlich mühsam sein… Wichtig beim Auswallen: Darauf achten, dass der Teig nicht klebt. Nur wenig Mehl verwenden. Die idealste Unterlage ist ein Holztisch (nicht Marmor, wie vielfach angenommen wird).

Der Teig sollte so strudeldünn sein, dass eine dahinter gehaltene Zeitung lesbar ist. Die Nudelmaschine in allen Ehren, doch bin ich persönlich fürs alte System: Schneiden mit dem Messer. Voraussetzung sind Handfertigkeit, eine genügend grosse Fläche, ein gutes Wallholz, ein scharfes Messer und – viel Geduld.

Die geschnittenen Nudeln trocknen rasch. Am besten schmecken sie, wenn man sie vom Tisch gleich in die Pfanne gibt. Ist dies nicht möglich, bewahrt man sie in einer Blechbüchse auf. Mein Trick: Ich gebe ein frisches Zweiglein

Rosmarin oder Salbei sowie eine Knoblauchzehe bei. Man braucht dann nur noch geriebenen Käse und angebräunte Butter darüberzugiessen – und fertig sind die Teigwaren.

Ganz frische Nudeln verlangen zum Kochen nicht so viel Wasser wie getrocknete. Wichtig: nach dem portionenweisen Kochen in ein zweites, warmes Salzwasser legen, mit der Schaumkelle herausheben.

Andere Formen wie Lasagne, Cannelloni, Tortellini, Ravioli usw. verlangen einen dickeren, doch nicht zu dikken Teig. Die Füllung darf nicht feucht sein, sonst drückt sie durch. Es eignen sich dazu Fleisch, Käse, Quark, Spinat, Pilze, auch Fisch oder Mischungen wie Mortadella/Spinat.

Die Zubereitung von Ravioli und anderen gefüllten Teigwaren ist auf-

Klassiker Parmesan

Er findet sich in zahllosen italienischen Teigwarengerichten: der Parmesan, Hartkäse aus Kuhmilch, ¾fett, am besten vecchio, drei Jahre gereift. Man kann ihn ersetzen durch Sbrinz, der ebenfalls keine Fäden zieht.

Stellt man den frisch geriebenen Käse auf den Tisch, kann sich jeder nach seinem Gusto bedienen; streut man ihn auf die Teigwaren, wenn sie noch in der Pfanne sind, löst er sich besser, vor allem wenn man die kochendheissen Teigwaren mit der kochendheissen Sauce mischt.

Wozu Käse nicht passt: zu Teigwarengerichten, die Fisch oder Schalentiere enthalten. Man braucht ihn hier höchstens zum Überbacken.

wendig. Sie besteht aus drei Rezeptphasen:
● Teig   ● Füllung   ● Sauce

Sehr viel ist Handarbeit. Exakte Arbeit.

Bei gefüllten Teigwaren bestimmt die Füllung die Sauce. Zu quarkgefüllten Ravioli beispielsweise passt eine Sauce Mornay oder Béchamel oder eine Tomatensauce.

…und was dazu?

Die einfachste Art ist wohl, Teigwaren mit Käse oder Butter zu vermischen oder pur zu servieren. Oder zu vermengen mit frischen Tomaten, Kräutern, Rahm, Pilzen, Knoblauch usw. Kalten Saucen wie Pesto genovese (aus Basilikum, Pinienkernen, Olivenöl, Knoblauch, Parmesan) stehen warme gegenüber wie Sugo, das, je länger gekocht, desto besser schmeckt. Es gibt fast keine festen Zutaten, die sich nicht in Sugo verwandeln lassen. Noch konzentrierter und meistens auf Fleischbasis ist das, was die Italiener und Teigwaren-Spezialisten «ragù» nennen. Das bekannteste Ragout ist die Bolognese. Ragout wird 5 bis 6 Stunden gekocht, bei mittlerer Hitze, da die Feuchtigkeit sonst zu rasch verdunstet. Eventuell muss man Flüssigkeit in Form von Bouillon beigeben. An Fleisch sollte man nicht zu fettes verwenden, und den Tomaten tut eine Prise Zucker gut: Er kompensiert die den Tomaten eigene Säure und hebt das Eigenaroma hervor; Basilikum rundet ab. Die Sauce wird kräftiger und gibt weniger zu tun, wenn man die Tomaten mit den Kernen kocht und dann passiert. Ergänzt man mit Gemüsen, so haben sie fein zu sein, damit sie den Geschmack der Tomaten nicht konkur-

Köstlich, aber aufwendig in der Herstellung: Ravioli aus selbstgemachtem Teig, gefüllt mit Käse, Ei, Schinken und Zitrone.

Ravioli, gefüllt mit Quark in Kräutern

(für 4 Personen)

1 Eiweiss für den Teig

Mehl zum Ausrollen

Salzwasser zum Kochen der Ravioli

50 g Kochbutter

je ½ Bund Petersilie, Kerbel,

6 Spinatblätter, 1 Blatt Salbei

Nudelteig:

150 g Weissmehl

3 El Wasser

1 gestrichener Tl Salz

1 Ei

1 Tl Öl

Füllung:

150 g Rahmquark

100 g Parmesan, frisch gerieben

80 g gekochter Schinken

2 Eigelb

½ abgeriebene Zitronenschale (nur Gelbes)

4 Tropfen Zitronensaft

Salz und Pfeffer

Für den Teig das Mehl in eine Schüssel oder auf ein Holzbrett sieben. Wasser, Salz, Ei und Öl verklopfen. In die Mehlmitte einlaufen lassen und den Teig von Hand oder mit dem Teighorn zusammenarbeiten. Etwa 10 Minuten kneten. Zu einem Teigball geformt in Zimmertemperatur 40 Minuten ruhen lassen. Dazu ein Steingutschüsselchen mit kochendheissem Wasser füllen und einen Moment vorwärmen. Das Wasser ausgiessen und die warme, nasse Schüssel über den Teig legen. So wird der Teig samtig-zart und ist danach leicht zu verarbeiten.

In der Zwischenzeit die Füllung vorbereiten. Alle Zutaten zusammen mi-

renzieren. Der langen Kochzeit wegen lohnt es sich, Tomatensauce in grossen Mengen zuzubereiten. Sie lässt sich im Kühlschrank ein paar Tage aufbewahren und auch tiefkühlen. Wenn man tiefkühlt, sollte man sich bei der

Fleischbeigabe auf Rindfleisch beschränken, denn bei Schweinefleisch ist Vorsicht geboten.

Dienen Teigwaren als Beilage, so meist zu Saucengerichten wie Braten, Ragout, Kurzgebratenem, Gehacktem.

schen, nach Geschmack mit Salz und Pfeffer nachwürzen.

Etwas Mehl auf dem Teigbrett ausstreuen, den Teig auswallen und mit dem Handrücken hauchdünn ausziehen. Die eine Hälfte des Ravioliteiges im Abstand von 4 bis 5 cm mit Füllung belegen. Den Teig rund um die Häufchen mit verklopftem Eiweiss bepinseln. Die leere Teighälfte locker über die Häufchen legen, dabei etwas ausziehen, damit der Teig wenig grösser wird. Den Teigdeckel um jedes Häufchen von Hand andrücken, dann mit Ausstecher Ravioli formen und jedes Ravioli auf bemehlte Unterlage legen.

In flacher Pfanne Salzwasser aufkochen. Die Ravioli sorgfältig 2 bis 3 Minuten pochieren. Gleichzeitig die Butter erhitzen und leicht anbräunen. Die Kräutermischung beigeben und die gekochten Ravioli in der Kräuter-Butter-Masse drehen. Sofort servieren.

Gnocchi verdi

(für 4 Personen)
3 dl Wasser
40 g Butter
Salz
Pfeffer, 1 Prise Muskat, *frisch gerieben*
170 g Weissmehl
30 g Parmesan, *frisch gerieben*
30 g Emmentaler, gerieben
4 Eier
4 El Spinatpüree, *gut ausgedrückt*
3 El Wasser
2 gestrichene El Salz
Butter für die Gratinform
50 g Parmesan, gerieben
50 g frische Tafelbutter

Die Gnocchi erhalten ihre grüne Farbe von Spinat. Selbstgemacht sind diese Teigwaren, mit Butter und Käse überbacken, ein köstlicher Leckerbissen.

Wasser, Butter, Salz, Pfeffer und Muskat zusammen in einer Pfanne aufkochen. Das Mehl «im Sturz», d.h. alles auf einmal, beigeben. Mit einer Holzkelle gut mischen, damit ein Teigkloss entsteht, der sich von der Pfanne löst. Von der Herdstelle wegziehen, den gemischten Käse und die verklopften Eier mit dem möglichst trockenen Spinatpüree unter die Masse ziehen. Salzwasser zum Kochen bringen. Den Gnocchiteig in einen Spritzsack mit glatter Tülle füllen. Kleine Würstchen oder mit grösserer Tülle Kugeln auspressen, abschneiden und ins heisse Wasser fallen lassen. Nicht zuviel auf einmal in die

Pfanne geben. Die Gnocchi 3 Minuten ziehen lassen, bis sie an die Oberfläche steigen. Eine Gratinform ausbuttern. Die Gnocchi lagenweise hineinlegen. Mit Käse überstreuen und mit angebräunter Butter übergiessen. Im sehr heissen Ofen bei 200°C Oberhitze kurz vor dem Servieren minutenschnell überbacken.

...und ausserdem: Reis, Mais

In viel Flüssigkeit kocht auch Reis, wenn wir ihn als Trockenreis servieren. Auf der ganzen Welt soll es ungefähr 8000 Reissorten geben. Zum Glück unterscheidet der Handel nur drei biologische Grundtypen: Langkorn, Rundkorn, Mittelkorn.

Langkorn (6 bis 8 mm lang und 4- bis 5mal so lang wie dick) hat einen harten, glasigen Kern und kocht trocken und körnig. Es ist oft als «Patna»-Reis im Handel.

Rundkorn (4 bis 5 mm lang und nur 1½- bis 2mal so lang wie dick) hat einen weichen, kalkigen Kern und gibt während des Kochens bis zu 15% Stärke in das Kochwasser ab. Rundkorn wird weicher als Langkorn und vielfach als «Milchreis» angeboten.

Mittelkorn (5 bis 6 mm lang, doch wesentlich dicker als Langkorn) hat ähnliche Kocheigenschaften wie das Rundkorn. Man findet es nur selten.

Ein weiterer Unterschied gilt der Reisbeschaffenheit. Braunreis ist das enthülste, noch von der Silberhaut umgebene Reiskorn, als «Naturreis» oder «Vollreis» im Handel. Beim Weissreis handelt es sich um geschliffenen Reis. Parboiled Reis wurde einer speziellen Behandlung unterzogen, so dass er auch bei langer Hitzeeinwirkung nicht verkocht.

Was schliesslich den Wildreis anbelangt: Gekocht wird er wie Trockenreis, am besten in Geflügelbouillon und ebenfalls in zehnmal mehr Wasser als Reis. Fertige Reisgemische sind nicht optimal, denn die beiden Reissorten haben verschiedene Garzeiten. Ich ziehe es vor, die Sorten getrennt zu kochen und dann zu mischen.

Wichtig: Der richtige Reis zum richtigen Gericht! Das heisst Langkorn für Trockenreis, Rundkorn für Risotto. Als Beilage lässt sich Reis vielfältig verwenden: zu Fisch, Fleisch, generell zu Saucengerichten (Ratatouille), als Füllung (Tomaten), in Suppen…

Nicht zu reden von der exotischen Küche, wo Siam/Patna-Reis zu indischem Curry, zu indonesischen, chinesischen Spezialitäten aufgetischt wird und bei keiner Mahlzeit fehlt.

Schliesslich: Mais. Polenta ist fast die einzige in ganz Italien zu Saucenfleisch akzeptierte Beilage (zu Wild, Wildgeflügel, Leber, Kaninchen). Man unterscheidet zwischen fester Polenta und Polenta grassa, weich und cremig, die unter ständigem Rühren in einem dünnen Strahl eingerührt wird. Mit Butter und Käse serviert, ist sie eher kalorienreich.

Die beste Polenta erhält man aus dem grobkörnigen italienischen Bramata-Mais. Wer ihn auf traditionelle Weise zu kochen wünscht, geht so vor: Den Mais ins Salzwasser streuen, rühren, aufkochen bis zur Hälfte der Kochzeit, dann die Pfanne in eine Schicht Zeitungspapier wickeln und eine Stunde stehenlassen. Statt der herkömmlichen Kupfer- kann man auch eine Eisenpfanne verwenden.

Der Kochvorgang Sieden, von dem bislang die Rede war, wird oft verwechselt mit Pochieren, das weniger Flüssigkeit benötigt. Davon im nächsten Kapitel.

Maispfluten

(für 4 Personen)

3 dl Wasser
3 dl Milch
5 g Salz
1 Prise Muskat, frisch gerieben
20 g Butter
150 g Bramata-Mais
Guss:
10 g Kochbutter für die Form
1 dl Milch
1 dl Vollrahm
1 Prise Salz
1 Ei
20 g Tafelbutter

Wasser und Milch mit Salz, Muskat und Butter aufkochen. Den Mais einstreuen und bei kleiner Hitze 50 Minuten kochen lassen, bis ein dicker Maisbrei entsteht.

Den Backofen auf 200°C Mittelhitze vorheizen. Eine feuerfeste Form ausbuttern, den Mais mit heissem Löffel ausstechen und die Maispfluten in die Form verteilen. Milch, Rahm, Salz und Ei verklopfen, über die Pfluten giessen. Die Butterflocken darauf verteilen und die Form auf unterster Rille in den heissen Ofen schieben. 25 Minuten goldbraun überbacken.

Mit Salat oder Kompott eine vollständige Mahlzeit.

Tip: Grobkörniger Bramata-Mais hat mehr Kochfestigkeit und intensiveren Eigengeschmack.

Garen auf die sanfte Tour

Empfindliche Nahrungsmittel
wie etwa Eier, Fisch und
zarte Desserts kann man im Wasserbad
oder durch Pochieren besonders
schonungsvoll zubereiten.

Pochieren und Wasserbad – beides bedeutet: Nicht wie Wäsche kochen, sondern sorgfältig, schonend, «süüferli». Und bei den Produkten handelt es sich in der Regel um zarte Nahrungsmittel, die starkes Kochen nicht ertragen. Beispiel: Wenn ein Ei zu heftig kocht, «zerreisst» es; die Bewegung des Wassers lässt dem Eiweiss nicht genügend Ruhe, um fest zu werden. Ähnliches erlebt man bei Fisch. Das strudelnde Wasser dringt ein, er platzt.

Beim Pochieren wird das Nahrungsmittel direkt in die Flüssigkeit gegeben, beim Wasserbad (Bain-marie) kocht man indirekt in Flüssigkeit: in einer Form, die man ins heisse Wasser stellt. Beim Pochieren fügt man der Flüssigkeit, in die man das Kochgut legt, Geschmackbeigaben zu wie Wein, Gewürze, Gemüse, Kräuter, Säuren (Zitronensaft, Essig). Beim Bain-marie besteht die Flüssigkeit nur aus Wasser, denn die Aromastoffe können ja nicht einwirken.

Wenn wir die beiden Kochvorgänge in einem gemeinsamen Kapitel behandeln, so, weil es auch ein Pochieren im Wasserbad gibt (Puddings, Karamelköpfli, Eierstich, Mousseline, Soufflés).

Die Temperatur beträgt im Prinzip bei beiden Kochvorgängen zirka 90°C und soll so gehalten werden. Sobald sie höher ist, kommt es in beiden Fällen zu negativen Begleiterscheinungen.

Vorbereitungen: Fürs Pochieren wird das Wasser erst aufgekocht. Je nach den Aromastoffen lässt man zirka 20 Minuten köcheln, bevor man das Kochgut zugibt. Dann reduziert man auf 90°C.

Für das Wasserbad können wir Boilerwasser heiss aufsetzen. Im Idealfall müsste die Temperatur 90°C betragen, wenn man das gut verschlossene Gefäss hineinstellt. Es sollte bis ¾ im Wasser stehen. Für die Kochzeit spielen Rezept, Material und Form des Gefässes eine Rolle. Pâté in Gusseisen braucht länger als Eierstich in einer Glasform. In der Regel wird z. B. im Backofen die ideale Pochiertemperatur bei etwa 150°C erreicht.

So wird pochiert

Pochieren als Kochprozess ist heikel. Das Wasser darf nicht sprudeln, das Kochgut muss während des Garens gut überwacht werden. In letzter Zeit war es die moderne Haute cuisine, die das Pochieren wieder aktueller werden liess. Wer im Kochen eher Hobby als Pflichterfüllung sieht, den Aufwand an Ware und Zeit nicht scheut, schätzt das Pochieren (und das Wasserbad) wieder als schonenden Kochprozess für die feinen Gerichte der neuen Küche.

Pochieren – ein Privileg der vornehmen Küche? Keineswegs. Pochieren ist der Anfang jeden Kochens, denn so einfache Gerichte wie Wienerli werden nicht zum Sieden gebracht, sondern – pochiert. Kocht das Wasser, nimmt man es beiseite, bis es sich beruhigt hat, und gibt die Würste erst dann hinein. Auf kleinem Feuer, niemals sprudelnd, lässt man sie ziehen. Je nach Grösse der Würste dauert dies zirka 10 Minuten (bei Wienerli) oder mehr.

Am bekanntesten, weil der Kochvorgang in der Bezeichnung angedeutet wird, ist das pochierte Ei; tagesfrische Eier eignen sich dazu nicht besonders, da sich das Eiweiss zuwenig ums Eigelb schliesst. Die Eier sollten ein paar Tage alt sein, das Eiweiss hat so bereits etwas Feuchtigkeit verdunstet und gerinnt besser. Auf 1 Liter Wasser rechnet man 1 bis 2 Esslöffel Wein- oder Obstessig. Auf Salz wird verzichtet, da Salz das Eiweiss am Gerinnen hindert. Das Wasser aufkochen und vor dem Siedepunkt halten. Das Ei in einer Tasse aufschlagen, dabei das Häutchen um das Eigelb nicht verletzen. Das ganze Ei sorgfältig ins Wasser gleiten und während 30 Sekunden Temperatur annehmen lassen. Mit einem Esslöffel Eiweiss über das Eigelb geben, bis es umschlossen ist. Ist die weisse Schicht fest und das Eigelb noch flüssig (nach 4 bis 5 Minuten, je nach Grösse des Eis), nimmt man es mit einer flachen Schaumkelle sorgfältig heraus. Kann man es nicht gleich servieren, hält man es in zirka 50°C heissem Salzwasser warm. Andernfalls das Ei ein wenig salzen, wenn es pochiert ist.

Ebenso schonend werden Ravioli oder Gnocchi pochiert. Man kocht ein wenig Salzwasser in einer weiten Pfanne auf, zieht sie beiseite, gibt Ravioli oder Gnocchi portionenweise hinein, lässt sie 5 bis 6 Minuten ziehen, nimmt sie heraus und lässt sie gut abtropfen.

Pochiert wird auch die Forelle blau. Man kocht den vorbereiteten Sud ½ Stunde, lässt die Forelle darin ziehen, ohne die Pfanne auf den Herd zurückzustellen. Eine wirklich frische Forelle läuft blau an, weil ihre Schleimschicht auf die Säure des Suds reagiert, und die Haut reisst ein.

Zutaten zum Pochieren

Eine Pfanne mit weitem Durchmesser, je nachdem hoch (für Milken) oder flach (für Gnocchi, die portionenweise pochiert werden).

Wasser, manchmal Salz (Gnocchi, Ravioli)
manchmal Essig (Ei),
manchmal Weisswein, Gewürze, evtl. Zitrone, Gemüse (Fisch),
manchmal angedämpfte Gemüse, Weisswein, Gewürze (Milken).

Unter der zarten Sauce aus Rahm, Gemüsebrühe, Zitronensaft und viel Estragon als Gewürz verbirgt sich ein verlorenes Ei.

Pfanne (Fischpfanne mit Einsatz) zur Verfügung hat, so dass man ihn herausheben kann, ohne dass er zerfällt.

Über die Kochzeit lässt sich nichts Allgemeines sagen. Man hält sich am besten ans Rezept. Eine Garprobe ist mit der Dressiernadel möglich.

Pochieren im Ofen

Wenn ein Gericht von allen Seiten Hitze bekommen soll, kann man es im Ofen respektive im Wasserbad pochieren. Es kommt dieser Kochprozess in Frage für **Terrinen, Pâtés, Mousses, Soufflés** (die gleichzeitig gebacken werden), **Puddings.**

Man stellt den Ofen auf 150 °C, heizt auf und schiebt den Behälter mit heissem Wasser ein. Dann lässt man das Wasser vor den Siedepunkt kommen. Test: Es darf nicht sprudeln. Ausser dem Soufflé – doch das ist ein anderes Kapitel – stellt man das Gericht zu drei Vierteln ins Wasser.

Verlorene Eier
in Estragonrahmsauce

(4 Portionen)
1 l Wasser
2 El Estragonessig
4 Trinkeier (2–3 Tage alt)
Estragonrahmsauce:
2 dl Gemüsebouillon
3 dl Vollrahm
1 Tl Zitronensaft
1 Bund Estragon, fein gehackt
Salz und Pfeffer

In kleiner, flacher Pfanne das Wasser mit dem Essig zum Kochen bringen. Je 1 Ei vorsichtig in Tasse aufschlagen. Das Eigelb darf dabei nicht verletzt

Die Zutaten können je nach Rezept variieren. Generell gilt: Man lässt den Sud ziehen, damit Gemüse und Gewürze ihren Geschmack an die Flüssigkeit abgeben können. Vor der Beigabe von beispielsweise Fisch schreckt man den sehr heissen Sud mit einem Glas kaltem Wasser ab, damit die ideale Temperatur entsteht. Erst dann legt man den vorbereiteten (ausgenommenen, gewürzten) Fisch hinein. Wichtig ist, dass man bei grossen Fischen eine geeignete werden. In die heisse Flüssigkeit gleiten lassen. Das Ei soll dabei von Wasser bedeckt sein. Das Wasser nicht salzen, da Salz die Bindung des Eiweisses verzögert. Während 4 bis 5 Minuten vor dem Siedepunkt pochieren, dabei mit Löffel fortwährend das Eiweiss über das Eigelb giessen, bis das Eigelb bedeckt ist respektive das Eiweiss fest wird. Mit Schaumkelle aus dem Sud nehmen und anrichten. Zum Warmhalten eventuell in ein zweites warmes Wasser legen. Das Eigelb soll flüssig bleiben.

Für die Estragonrahmsauce die Gemüsebouillon und den Vollrahm bei mässiger Hitze so lange einkochen lassen, bis eine «schwerfliessende» Creme entsteht. Zitronensaft und gehackten Estragon darunterziehen. Mit Salz und Pfeffer nach Geschmack würzen. Über die pochierten Eier anrichten.

Wasserbad –
Bad der sanften Marie

Damit die Hitze nicht direkt mit dem Kochgut in Berührung kommt, wird in einem zweiten Gefäss, also indirekt, unter dem Einfluss von heissem Wasser gegart. Das Garen geschieht auf diese Weise regelmässig. Des Wasserbads bedient man sich vor allem bei delikaten Gerichten.

Hauptregel: Die Form muss von Wasser umspült sein, das nicht kochen darf. Kocht das Wasser nämlich, so kommt die Masse in Bewegung und es entstehen Löcher. Stellt man das Wasserbad zusätzlich in den Backofen, ist es – ein grosser Vorteil – rundum von Wärme umgeben.

Das Wasserbad ermöglicht aber nicht nur schonendes Garen. Mit seiner

Hilfe kann man Gerichte auch **warmhalten.**

Das Wasserbad wird auch verwendet, wenn es darum geht, Speisereste oder mit Eier, Butter, Rahm abgerundete Saucen sorgfältig zu erwärmen. Häufig bedient man sich der Wasserbad-Methode, um schaumig zu rühren oder eine Masse zu lösen. Ich denke da an das Schaumigrühren von Eiern und Zucker für Cremen, Sabayons, Biskuitteig, ans Schmelzen von Schokolade, ans Auflösen von Gelatine. Das Bainmarie hat hier den Vorteil, dass sich der Zucker unter dem Einfluss der Wärme rascher löst und dass die Masse luftiger wird.

Wichtig: Das Wasser (ca. 90 °C heiss) darf auch in diesem Fall nicht kochen. Sonst gerinnen die Eier, die Schokolade bekommt Knollen und die Gelatine wird leimig.

So bereitet man
das Bain-marie vor

Ein eigentliches Bain-marie anzuschaffen lohnt sich für den normalen Haushalt nicht, doch kann man sich problemlos behelfen. Man nimmt eine

Pfanne, die etwas grösser ist als das Gefäss (Schüssel, Form), das man hineinstellen will. Dann füllt man Wasser ein, so dass das Gefäss zu drei Vierteln bis vier Fünfteln darin steht. Geht es darum, im Wasserbad etwas zu lösen, soll das Gefäss über den Pfannenrand hinausreichen, damit man es halten kann. Man füllt zu drei Vierteln mit Wasser.

Man bringt das Wasser zum Sieden, zieht die Pfanne beiseite und legt einen Lappen (Abwaschlappen) oder eine Doppellage Küchenkrepp auf den Pfannenboden. Jetzt stellt man das Gefäss mit der zu garenden Masse hinein. Sollte sie bedeckt sein und verfügt man nicht über einen Deckel, so kann man mit Alufolie dicht abdecken, damit eine konzentrierte Hitze entsteht. Man stellt das Wasserbad zurück auf die Herdplatte und reguliert die Hitze so, dass das Wasser stets kurz vor dem Siedepunkt bleibt. Das bedeutet je nach Regulierung Stufe 2 oder 3.

Während des Garens muss man gut überwachen. Die Masse ist gar, wenn sie stehen bleibt. Man kann mit der Küchennadel (Holz, Metall) einstechen: Bleibt sie sauber, ist das Gericht gar.

Was wird im Wasserbad gegart?

In der geschlossenen Form:

Puddings, auch rezente respektive **Timbales, Karamelköpfchen, warme Charlotte**

In der offenen Form:

Mousseline (eine feine Art von Pudding, die beim Pochieren luftig wird)
Eierstich (auf dem Herd pochiert, neben Soufflé etwas vom Heikelsten)
Soufflés (steigen dank des geschlagenen Eiweisses)
Evtl. heikle Saucen wie Hollandaise, Béarnaise

Geflügelleber-Pâté

**(eine sehr delikate Vorspeise
für 8–10 Personen, kalorienarm)
Formeninhalt 1 Liter,
entsprechendes Wasserbad vorbereiten.**

400 g Geflügelleber
50 g Mehl
6 Trinkeier
1 dl Vollrahm, geschlagen
4 dl Milch
1 gestrichener El Salz
Pfeffer, Muskat
5 Tropfen Tabasco
1 kleines Salbeiblatt, fein gehackt
1 Msp Knoblauch, gepresst
3 El guter Cognac
1 feuerfeste bebutterte Form
1 dl Madeirasulze

Die Leber im Mixer ganz fein pürieren. Das Mehl dazusieben und nach und nach 3 ganze Eier, 3 Eigelb und den geschlagenen Rahm beigeben. Die Milch daruntermischen und mit Salz, Pfeffer, einer Prise Muskat und Tabasco kräftig würzen. Zuletzt Salbei, Knoblauch und Cognac der flüssigen Masse zufügen. Alles in eine Terrinen- oder Cakeform giessen. Die Form mit Aluminiumfolie decken, ins heisse Wasserbad stellen und für 70 Minuten auf unterster Rille in den auf 150°C vorgeheizten Backofen schieben. Sobald sich der Rand löst oder eine Dressiernadel stehen bleibt, ist die Terrine gar. Vor dem Servieren möglichst lange kühl stellen. Mit Madeirasulze (nach Vorschrift angerührt mit halb Wasser, halb Madeira) übersulzen. Nochmals kühl stellen.

Fein gewürzte und mit Cognac aromatisierte Geflügelleber wird im Backofen im Wasserbad gegart — eine köstliche Vorspeise.

So gelingt Sauce Hollandaise

1. Zutaten für Sauce Hollandaise

2. Essig, Wasser, Pfefferkörner, Schalotten und Peterli zusammen auf 2 Esslöffel Flüssigkeit eindampfen lassen.

3. Die Reduktion absieben, die festen Bestandteile gut ausdrücken.

4. Die Reduktion mit kaltem Wasser und Eigelb aufschwingen. Die Schüssel ins warme Wasserbad stellen.

5. Unter dauerndem Rühren erhitzen.

6. Nach und nach die flüssige Butter beigeben. Zum Schluss mit Bouillon und eventuell Zitronensaft abschmecken.

Holländische Sauce – Sauce Hollandaise

(für ca. 3 dl)

Zum Eindämpfen:
4 El Essig
2 El Wasser
4 schwarze Pfefferkörner, zerdrückt
1 Tl Zwiebel oder Schalotte, grob gehackt
1 Tl Petersilie, gehackt
Zum Beigeben:
2 El kaltes Wasser
3 Eigelb, verklopft
100 g Tafelbutter, geklärt
3 El warme Bouillon oder Kochwasser von Fisch, Fleisch, Gemüse usw. (je nachdem, wozu die Sauce serviert wird)

eventuell Zitronensaft
Salz

Alle Zutaten zum Eindämpfen in ein Pfännchen geben, einkochen lassen bis nur noch wenig Flüssigkeit vorhanden ist. Absieben und die Flüssigkeit (etwa zwei Esslöffel) ins Pfännchen zurückgeben (nicht mehr auf die warme Platte stellen). Das kalte Wasser zufügen, die Eigelbe dazurühren und das Pfännchen ins warme Wasserbad stellen. Unter ständigem Rühren die Hälfte der Butter darunterarbeiten. Wer die Sauce stehenlässt, sollte einen gestrichenen Teelöffel mit wenig Wasser angerührtes Kartoffelmehl beigeben. Restliche Butter darunterrühren, die Sauce soll dabei binden. Mit Zitronensaft abschmecken und nach Geschmack würzen.

Mousselinesauce – Sauce mousseline
Der fertigen Sauce Hollandaise steif geschlagenen Rahm beimischen.

Malteser Sauce – Sauce maltaise
Sauce Hollandaise mit Blutorangensaft und gekochten, dünnen Streifen von Orangenschale mischen.

A propos Sauce Hollandaise
Diese Sauce entsteht aus der Verbindung von Ei und Fettstoff mit Hilfe von Wärme. Die Reduktion gibt den Geschmack. Die Sauce Hollandaise gerinnt nicht nur, wenn sie zu viel Fettstoffe enthält, sondern auch, wenn sie zu heiss wird oder der Säureanteil zu hoch ist.

Übrigens: Die Temperatur kann man mit dem Finger prüfen. Die Masse sollte nicht über 40°C heiss werden. Es kann auch vorkommen, dass eine Sauce Hollandaise nicht bindet. Dann war das Wasserbad zu wenig warm.

Abhilfe: Das Wasserbad gut erhitzen oder vielleicht eine Schüssel aus besser leitendem Material nehmen.

Vom Stürzen und Servieren

Im Wasserbad Gegartes wird je nachdem warm oder kalt gestürzt. Kühlt das Karamelköpfchen in der Form ab, so stellt man den Formenboden einen Moment auf die heisse Herdplatte, damit sich der festgewordene Zucker vor dem Stürzen löst. Der Pudding bleibt dabei kalt, und beim Stürzen rinnt die Sauce von selbst über das Köpfchen.

Der Rand wird mit einem spitzen Messer gelöst, damit Luft dazwischen kommt. Dann legt man eine warme Servierplatte auf die Form und stürzt.

● Was kalt zu stürzen ist, lässt man nach dem Pochieren auskühlen.

● Terrine wird vor dem Gast aus der Form geschnitten.

● Pâté wird aus der Form gestürzt und in Tranchen geschnitten.

● Mousseline wird aus der Form gestürzt, meistens in Portionen.

● Mousse wird aus der Form gestochen.

● Soufflé kommt in der Form auf den Tisch.

Karamelköpfli mit Orangenkompott

(für 4 bis 6 Personen)

1 Timbaleform (runde Form mit Seitengriffen) oder 1 runde, hohe, feuerfeste Form (Durchmesser ca. 16 cm)

100 g Zucker
1 El Wasser
6 Eier
5 dl Milch
80 g Zucker
1 Prise Salz
1 Zitronenschale (nur Gelbes), frisch abgerieben
Samen von 1 Vanillestengel
Garnitur:
4 Orangen
1 dl Wasser
1 El Grand Marnier
1 El Zucker

Das Wasserbad in genügend grossem Gefäss oder Bräter-Geschirr mit heissem Wasser vorbereiten. Die Form soll zu drei Vierteln der Höhe in Flüssigkeit stehen. Auf den Pfannenboden doppeltes Küchenpapier oder einen Küchenlappen legen, damit die Form darauf fest steht.

Zucker und Wasser im Pfännchen schmelzen und hellbraun rösten. Den Boden der Puddingform damit ausgiessen. Vorsicht, die Form wird dabei heiss. Den Backofen auf 150°C Mittelhitze vorheizen.

Eier, Milch, Zucker, Salz und Zitronenschale zusammen verklopfen. Einen Moment ziehen lassen, dann absieben. Den Vanillestengel längs aufschneiden und die ausgeschabten Samen unter die Mischung geben.

Die Eiermilch in die vorbereitete Form giessen. Mit Folie decken und ins Wasserbad stellen. Im Ofen auf unter-

Wer Zeit und Aufwand nicht scheut: Im Backofen im Wasserbad gegart, schmeckt das Karamelköpfli, hier mit Orangen, besonders gut.

ster Rille einschieben und bei 150°C während 1½ Stunden pochieren. Das Wasser darf niemals sieden, sonst bekommt das Köpfli Löcher.

Die Schale der Orangen mit scharfem Messer rundum so abschneiden, dass die weisse Schalenhaut mitkommt. Die Orangenschnitzchen ausschneiden. Wasser und Zucker aufkochen. Mit Grand Marnier verfeinern und abkühlen lassen. Sirup über die Orangenschnitzchen giessen und diese in Zimmertemperatur marinieren.

Das Karamelköpfli warm stürzen, den gelösten Zucker darüberfliessen lassen. Die Orangenschnitzchen aus dem Sirup nehmen und rundum anrichten.

Luftig, locker, leicht und lecker

Soufflés und Gratins gelten
als heikel. Mit den Tricks
der Profis, Fingerspitzengefühl
und etwas Übung
gelingen auch diese Gerichte.

Einerseits gehört das Soufflé noch ins voranstehende Kapitel über Pochieren und Wasserbad, andererseits aber auch zu den im Ofen gebackenen Gerichten. Bereitet man das Soufflé auf die gepflegte klassische Art zu, so stellt man es im Wasserbad in den Ofen. Die feuchte Hitze lässt die Masse besser steigen, und der Dampf hält sie fest. Ohne Wasserbad steigt das Soufflé oft weniger schnell, und es wird trocken. Zu der kombinierten Methode Wasserbad/Backofen rate ich vor allem bei feinen Soufflés mit nur wenig Mehl.

Soufflés gehören zu den heikelsten Gerichten. Sie sind Gefühlssache: Hier beginnt die Kochkunst. Erfahrung und Übung sind wichtig. Es ist von Vorteil, wenn man sich auf eine bestimmte Souffléform festlegt und die Backofentemperatur hie und da kontrolliert. Allererste Bedingung jedoch scheint mir: Man muss sich genau an die Rezeptangaben halten.

Viele Soufflés basieren auf einer **Sauce Béchamel.** Eine Béchamel wird zubereitet mit Butter, Mehl, Milch, Salz, Pfeffer, Muskat. Die feinere Abwandlung ist die Sauce Mornay, die Rahm und Käse enthält. Eigelb bindet noch mehr, und durch Eischnee wird die Masse locker. Für Soufflés verwendet man mehr Eiweiss als Eigelb (Beispiel: auf 4 Eigelb 6 Eiweiss). Bei Gemüsesoufflés steht anstelle der Béchamelsauce die Gemüsevelouté (Milch wird durch Gemüsebouillon ersetzt), bei Fisch Fischvelouté, bei Crevetten Crevettenvelouté, mit Fisch- oder Crevettenfond zubereitet usw.

Die Sauce wird relativ dick, weil mit Mehl gebunden. Man lässt sie abkühlen, bevor man die Eigelbe und die Aromastoffe beigibt (die Zutaten, wonach das Soufflé benannt ist). Süsse

So gelingt das Käsesoufflé

1

2   3

1. Zutaten für Käsesoufflé.
   Die Béchamelsauce nach Rezept zubereiten.
2. Zur Béchamel Käse, Eigelb und Eiweiss geben.
3. Zuletzt das Eiweiss daruntergeben.

Zutaten können sein: Vanille, Schokolade, Nüsse, warme Früchte; pikante: Käse, Schinken, Fisch, Crevetten, Pilze, verschiedene Gemüse. Man kann aus vielem Soufflé machen…

Grosse Formen eignen sich meist besser als kleine. Klassisch ist die braune, weisse oder gar goldene, gerippte Form. Sie wird bebuttert und – bei süssen Soufflés – am Rand mit Zucker bestreut, damit sich das aufsteigende Soufflé daran festhalten kann. Bei pikanten Soufflés bestreue ich Boden und Rand aus dem gleichen Grund mit Paniermehl.

Eingefüllt wird ⅔- bis ¾hoch. Das Soufflé muss beim Backen über den Formenrand hinaussteigen können. Bei kalten Soufflés wird eine Papiermanschette umgebunden, damit man die Masse über den Formenrand auffüllen und dann gefrieren kann.

Klassische Soufflés werden erst 10 bis 30 Minuten auf dem Herd vorgewärmt. Wir stellen es im Wasserbad – 50 bis 70°C heiss – auf die Herdplatte. Ein Lappen auf dem Boden des Bainmarie verhindert, dass die Soufflé-Masse direkte Bodenhitze bekommt. Ist die Masse erwärmt, beginnt sie leicht zu steigen. Jetzt stellt man das Soufflé samt Wasserbad auf der untersten Rille in den auf 180° C vorgeheizten Backofen. Bei dieser Temperatur lässt man es 20 bis 40 Minuten backen. Während der Backzeit darf man den Backofen unter keinen Umständen öffnen, sonst fällt das Soufflé zusammen.

Es bildet sich oben bald eine braune Schicht. Steigt das Soufflé über den Rand, schaltet man die Temperatur auf 50°C herunter und öffnet die Ofentür einen Spalt, indem man eine Kelle dazwischenklemmt. Man belässt es so 2 bis 3 Minuten. Auf diese Weise kommt es zu keinem Temperaturschock. Gut geeignet zum Backen von Soufflés sind – dank ihrer Rundwärme – Heissluftbacköfen. Man heizt kurz vor und schiebt die Form auf der zweituntersten Rille ein.

Wichtig: Wenn man das Soufflé aus dem Ofen nimmt, darf es keiner Zugluft ausgesetzt werden. Man muss das Fenster schliessen und die Ventilation abstellen. Da das Soufflé bald zusammenfällt, präsentiert man es den Gästen möglichst rasch in noch voller Pracht. Es gilt als perfekt, wenn es schön aufgegangen, nicht durchgebacken, sondern innen noch feucht ist.

Soufflé wird am Tisch geschöpft. Pikante Soufflés können – zusammen mit Salat – eine eigenständige Mahlzeit ergeben. Zu Dessert-Soufflés passen Glace, kühler Rahm, Vanillesauce, Früchte.

Auflauf und Gratin

Im Unterschied zu den zarten Soufflés sind Gratins und vor allem Aufläufe rustikaler. Beiden gemeinsam ist, dass sie in einer feuerfesten Form gebacken und darin auch auf den Tisch gebracht werden. Die Form kann aus Glas, Steingut, Chromstahl, feuerfestem Porzellan sein. Das sind die Unterschiede: Beim Auflauf – der «aufläuft», aufgeht, oft dank steifgeschlagenem Eiweiss – handelt es sich um eine nahrhafte Masse, die **durchgebacken** wird. Der Gratin wird **überbacken**. Man spricht von **kurzen** Gratins, bei denen man die Masse warm einfüllt, und von **langen**, bei denen die Masse auch roh sein kann (z. B. Kartoffeln). Die Palette der feinen Produkte, die sich zum Gratinieren eignen, ist sehr breit.

Aufläufe sind typisch für die deutschsprachigen Länder; in Frankreich findet man sie kaum. Auch weniger in Restaurants, denn es handelt sich dabei vorwiegend um Hausmannskost, für die oft Resten verwendet werden. Der Auflauf duftet herrlich und ist spannend: Man sieht nicht, was darin ist. Ich verstehe, dass man Resten verwenden will. Man muss sich aber bewusst sein, dass auf diese Weise bereits Fertiggekochtes noch einmal erhitzt wird und Gefahr läuft, «musig» zu werden. Auch ist der Nährwert fraglich.

Es ist zwischen süssen und pikanten Aufläufen zu unterscheiden. Süsse Aufläufe, beispielsweise aus Brot, übergiesst man mit einem Guss aus Ei, Milch, Rahm, eventuell Vanillezucker, Zitronenschale, je nach Rezept. Regel: 1 Ei bindet 1 dl Flüssigkeit. Die Zutaten werden verklopft und über die Auflaufmasse gegeben. Je nachdem kann man steifgeschlagenes Eiweiss darunterziehen. Wünscht man den Auflauf karamelisiert, bestreut man die Form sowie die Masse nach dem Einfüllen mit Zucker.

Angereichert werden süsse Aufläufe beispielsweise mit Rosinen, Nüssen, Biskuitresten, kandierten Früchten usw. Auch pikanten Aufläufen aus Gemüse, Fisch, Fleisch, Schinken usw. gibt man manchmal steifgeschlagenes Eiweiss zu, damit sie aufgehen. In dieser Hinsicht sind sie dem Soufflé verwandt, fallen aber nicht zusammen, wenn man sie aus dem Ofen nimmt, da die Grundmasse viel fester ist.

Aufläufe werden ⅔ hoch eingefüllt in eher hohe, feuerfeste Formen. Man schiebt sie auf einer unteren Rille in den vorgeheizten Ofen und backt bei 180 bis 200°C rund 45 Minuten.

Für Aufläufe wie vor allem auch für Gratins gilt: Nur dann Vorgekochtes einfüllen, wenn es nötig ist (Resten) oder wenn das Rezept es erfordert. Besser ist es, rohe Zutaten einzufüllen und langsam zu backen.

Eiweiss-Tips

● Gelagerte Eier sind besser als tagesfrische, weil das Eiweiss weniger Wasser enthält und sich steifer schlagen lässt.

● Die Schüssel, in der man das Eiweiss schlägt, muss klinisch sauber sein; Fett verhindert das Steifwerden.

● Am luftigsten wird Eiweiss, wenn man es in einer grossen Schüssel von Hand schlägt. Besonders für kleine Quantitäten sind Maschinen schlecht geeignet.

● Im Eiweiss darf kein Eigelb sein, sonst lässt es sich nicht steif schlagen.

● Vor allem wenn man Eiweiss mit der Maschine schlägt, besteht die Gefahr, dass es zu stark geschlagen wird und sich in der Masse mühsam integriert. Das geschlagene Eiweiss sollte zusammenhängend sein und luftig. Probe: Es hält, auch wenn man die Schüssel umdreht.

● Notfalls können Soufflés zusätzlich mit etwas Backpulver getrieben werden. Ein Teelöffel bei einer Masse für 4 Personen genügt.

● Bei süssen Soufflés lässt sich ein Teil des Zuckers unter das Eiweiss ziehen, das auf diese Weise glänzend wird und mehr Halt bekommt.

● Das geschlagene Eiweiss niemals herumstehen lassen. ⅓ des Eiweisses mit der leicht ausgekühlten Soufflémasse vermischen, ⅔ locker darunterziehen. Vermischen heisst nicht verrühren, sonst «verschlägt» es das Eiweiss. Locker darunterziehen bedeutet: das Eiweiss grossflockig verteilen. Es muss noch teilweise sichtbar bleiben.

● Soufflés müssen in der Regel nach der Eiweissbeigabe sofort gebacken werden und kommen unmittelbar danach auf den Tisch. Es ist nicht möglich, ein Soufflé nach dem Backen stehen zu lassen.

Gratinieren:
Käse ist meist dabei

Gratinieren heisst langsames oder rasches Gar- resp. Überbacken, wobei sich eine Kruste bildet. Bei rohem Inhalt der Form gart man langsam, bei bereits gekochtem rascher. Die Backzeit des Gratins ist abhängig vom Produkt, von der Form und von der Einfüllmenge, ob diese gar oder gekocht, warm oder kalt eingefüllt wird.

Roh verwendet man oft beispielsweise Fisch, zartes, dünn geschnittenes Fleisch, Kartoffeln; blanchiert resp. vorgekocht verwendet man häufig Gemüse, Obst, Teigwaren.

Füllt man die Grundprodukte warm ein, so braucht der Gratin weniger lang im Ofen zu bleiben; man kann die Zutaten unter Umständen folienbedeckt bei 50°C warm halten.

Bei gewissen Gratins wäre es aber auch möglich, sie ein oder zwei Tage zuvor vorzubereiten. Allerdings ist man dann gezwungen, den Kühlschrank zu benützen, was ich nicht gerade ideal finde. Besser ist es, wenn die Zutaten Zimmertemperatur haben oder, noch besser – wie eben erwähnt –, warm sind.

Am allerbesten schmecken Gratins aus tagesfrischen Zutaten frisch zubereitet. Niemals sollte man den vorbereiteten Gratin direkt aus dem Kühlschrank in den Ofen schieben, da dann die angegebene Gratinierzeit nicht mehr stimmt.

Nachdem die Gratinmasse in die Form gefüllt ist, wird sie angefeuchtet. Süssen Gratins gibt man z. B. eine Mischung aus Ei, Rahm, Milch bei, pikanten Bouillon oder Rahm und Milch, manchmal Eigelb. Kartoffelgratin bereite ich mit Rahm und Käse zu. Fischgratin kann auch mit Fischvelouté (Sauce auf Basis von Fischbouillon und Rahm) feucht gemacht werden, Teigwaren mit Tomatensauce und Käse. Für rustikale Gerichte eignen sich zum Anfeuchten Sauce Béchamel oder Sauce Mornay (eine Béchamel mit Käse und Rahm), nicht zu dünn und nicht zu dick.

Nur schwach anzufeuchten braucht man gemischte Gemüsegratins mit eigener Flüssigkeit (Zucchetti, Auberginen, Tomaten); hier spielen Gewürze und Käse die wichtigste Rolle.

Bei den süssen Gratins verfügen die Zutaten (z. B. Beeren) oft über derart viel eigene Flüssigkeit, dass sich eine Zugabe in Form von Sauce erübrigt. Statt dessen kann man Eigelb und Zucker schaumig rühren und locker geschlagenen Rahm darunterziehen. Dann wird der Gratin überbacken. Beim Gratinieren pikanter Gerichte ersetzt Rahm, verrührt mit Ei, manchmal den Käse. Käse passt geschmacklich nicht immer, Rahm und Ei sind neutraler und geben auch etwas Farbe.

Welchen Käse zum Gratinieren?

Welcher Käse eignet sich für Gratins? Grundsätzlich Sbrinz und Parmesan, die nicht Fäden ziehen. Gutgelagerter Greyerzer bringt mehr Käsearoma. Nicht geeignet ist Emmentaler.

Wie fügt man den Käse bei? Wenn viel Käsegeschmack erwünscht ist (beispielsweise bei Teigwaren), kann man den Käse unter die Sauce mischen oder in Zwischenlagen dazugeben und den Gratin am Schluss damit bestreuen. Die wichtigste Funktion hat der Käse beim Überbacken des Gratins. Wird ein Gericht eigenständig serviert und darf es gern etwas nahrhaft sein, so kann man grosszügig damit umgehen; wird es nur als Beilage gereicht (z. B. Kartoffelgratin zu Lamm), dann geht man sparsamer damit um und bestreut nur fein. Nicht mit Käse bestreut werden in der Regel Fischgratins. Eine Ausnahme macht gratinierter Hummer, der traditionell zubereitet etwas Parmesan dabei hat.

Mit Butterflöckchen belegt man Gratins, wenn das Gericht an sich wenig Fettstoffe enthält und schönen Glanz bekommen soll.

Für eine schöne, grosse Kruste

Die süssen oder pikanten Gratins werden möglichst flach in die feuerfeste, ausgebutterte Form gefüllt. Auf diese Weise bekommt man eine grosse Kruste. Der Ofen muss sehr heiss sein, wenn man den kurzen Gratin mit den vorgekochten Zutaten einschiebt. Man schiebt ihn in den oberen Teil des Backofens und überbackt bei Grill oder starker Oberhitze. Lange Gratins schiebt man auf der untersten Rille ein (z. B. Gratin dauphinois). Man backt bei 180°C. Den Gratin dauphinois kann man auch bei 80°C 1½ bis 2 Stunden im Ofen belassen. Die Kartoffeln geben so einen Teil der Stärke an Rahm und Käse ab und nehmen nach so langer Zeit zum Schluss automatisch Farbe an. Trotzdem vermusen sie nicht. Vorteilhaft ist diese Methode auch bei Zucchini-Tomaten-Gratins, die bei dieser Temperatur mehr Flüssigkeit behalten, andere Gemüse bewahren die Vitamine und Mineralsalze besser.

Ist der Gratin zu wenig braun, kann man ihn kurz in Oberhitze oder unter dem Grill bräunen.

Französisches Käsesoufflé

als Vorspeise für 6–8 Personen (grosses Bild), als Hauptgericht für 4 Personen

30 g Mehl
1 dl Milch
2 dl Vollrahm
150 g Parmesan, frisch gerieben
½ Tl Salz
1 Prise Muskat, frisch gerieben
6 Umdrehungen schwarzer Pfeffer
4 Eigelb
evtl. 1 gestrichener Tl Backpulver
6 Eiweiss, steif geschlagen
Butter und Paniermehl für die Gratinform

Mehl, Milch und Rahm zusammen unter Umrühren aufkochen. Den Käse mit Salz, Muskat und Pfeffer unter die Sauce ziehen. Nicht mehr kochen. Die Masse abkühlen lassen. Die Eigelbe und das Backpulver beigeben und zuletzt die steifgeschlagenen Eiweisse locker darunterziehen. In eine bebutterte und mit Paniermehl ausgestreute Gratinform füllen und ins heisse Wasserbad stellen. Auf der Herdplatte im Wasserbad randhoch aufsteigen lassen. Dann wiederum im Wasserbad auf der untersten Rille des auf 200°C vorgeheizten Backofens einschieben. Bei gleicher Hitze während 25 Minuten goldbraun backen.

Crevettensoufflé

Das Crevettensoufflé wird grundsätzlich auf die gleiche Art zubereitet. Anstelle von Käse gleich viel feingehackte Crevetten darunterziehen und die Milch durch 1 dl Fisch- resp. Crevettenfond ersetzen. Zum Würzen anstelle von Salz 1 gestrichenen Teelöffel Meersalz und 4 Tropfen Tabasco verwenden.

Gratin dauphinois «à ma façon»

(für 4 Personen)
1 Knoblauchzehe
20 g Kochbutter
1 kg rohe, geschälte Kartoffeln
0,7–1 l Vollrahm, je nach Form
Salz, Pfeffer und Muskat
50 g Greyerzer Käse, gerieben
20 g Butterflocken

Den Backofen auf 200°C Mittelhitze vorheizen.

Die Gratinplatte mit einer längs hal-

Ein Klassiker unter den Beilagen: Kartoffelgratin. Die Kartoffelscheiben werden im Rahm gegart und mit Käse und einem Hauch Knoblauch gewürzt.

bierten Knoblauchzehe ausreiben, dann grosszügig mit Butter ausstreichen.

Die Kartoffeln in sehr feine Scheiben (am besten mit Haushaltmaschine) schneiden. Auf Küchenkreppapier oder auf einem Küchentuch trocknen. Die Kartoffelscheiben in eine Schüssel geben, mit Rahm übergiessen und mit Salz, Pfeffer und Muskat würzen. Mit den Fingern so mischen, dass jede Kartoffelscheibe von Rahm umhüllt ist und deshalb beim Backen nicht klebt. In die Gratinform verteilen, den in der Schüssel zurückgebliebenen Rahm darübergiessen. Die Kartoffeln sollen völlig mit Rahm bedeckt sein. Den Käse darüberstreuen und ein paar Butterflocken darauf verteilen.

Die Gratinform auf der untersten Rille in den heissen Ofen schieben. Die Temperatur auf 80°C Mittelhitze zurückstellen und die Kartoffeln in mindestens einer Stunde bei dieser Temperatur knapp weich werden lassen. Nach 60 Minuten den Ofen auf 200°C Oberhitze stellen und den Gratin während ca. 15 weiteren Minuten goldbraun überkrusten.

Auf diese Art bleibt der Kartoffelgratin saftig, die Kartoffeln geben einen Teil ihrer Stärke ab, und der Rahm bindet leicht. Es ist die beste mir bekannte Zubereitungsart für einen perfekten Gratin dauphinois, wobei die Höhe der Form in jedem Fall eine Rolle spielt, d.h., der Gratin sollte möglichst flach, in einer Schicht von etwa 2 Zentimetern, eingefüllt werden.

Kartoffelgratin
mit Zwiebeln

Diese Variante des Gratins dauphinois passt besonders gut zu Lammgerichten.

Dazu 250 g gedämpfte, gewürzte Zwiebelscheiben einfüllen. Den Rahm durch Fleischbouillon ersetzen und nach Geschmack mit wenig Käse und Butterflocken (oder Olivenöl) abschliessen. Die übrigen Zutaten und die Garzeit bleiben sich gleich.

Gemüsegratin

Zu Fleischgerichten, insbesondere Lamm, Rindfleisch, Geflügel respektive Grilladen (für 4 Personen)

2 Zucchini
6 junge Kartoffeln (Virgule)
1 kleine Aubergine
2 El Olivenöl
Salz und schwarzer Pfeffer aus der Mühle
3 Tropfen Tabasco
1 Zweig Thymian, Blättchen abgezupft
2 fleischige Tomaten, geschält
2 dl Fleischbouillon
30 g Parmesan, frisch gerieben
2 El Olivenöl

Die Zucchini mit Haut in dünne Scheiben schneiden, ebenso die geschälten Kartoffeln und die Aubergine mit Haut.

Den Backofen auf 200°C Mittelhitze vorheizen.

Die Gratinform mit Olivenöl ausstreichen, Auberginen- und Zucchinischeiben beliebig einschichten. Mit Salz, Pfeffer und Tabasco würzen und mit Thymian bestreuen.

Die Kartoffeln darauf geben, würzen und so fortfahren, bis die Form zu drei Vierteln gefüllt ist.

Die Tomatenscheiben im oberen Drittel dazwischenlegen. Die Fleischbouillon (knapp gewürzt) darüberträu-

feln. Mit Käse bestreuen. Zwei Esslöffel Olivenöl darüber verteilen.

Auf der untersten Rille in den Ofen schieben und die Temperatur auf 80°C Mittelhitze stellen. 40 Minuten garen lassen, dann die Temperatur auf 180°C Mittelhitze erhöhen und den Gratin weitere 20 Minuten fertig überbacken.

Leichtes Schoggisoufflé

(Vorsicht, enthält kein Mehl, ist deshalb besonders fein, aber auch entsprechend empfindlich) (für 4 Personen)

6 Eigelb
60 g Zucker
3 Tl Vanillezucker
Butter und Zucker für die Förmchen
6 Eiweiss
20 g Zucker
120 g Schoggi (Crémant)
Puderzucker zum Bestreuen

Den Backofen auf 200°C vorheizen. Die Eigelbe mit dem Zucker und dem Vanillezucker im heissen Wasserbad schaumig rühren, bis die Masse luftig ist und sich verdoppelt. Aus dem Wasserbad nehmen und weiterrühren, bis die Masse abkühlt.

Die Crémant-Schokolade durch die Bircherraffel dazuraspeln. Vier Portionförmchen ausbuttern und mit Zucker ausstreuen. Die Eiweisse steif schlagen und den restlichen Zucker beigeben. Die Masse mit dem Eiweiss locker mischen und in die Förmchen füllen. Auf unterster Rille in den Ofen schieben und 10 Minuten backen. Mit Puderzucker bestreut sofort servieren.

Das Soufflé kann auch in grösserer Form zubereitet werden und braucht dann etwas länger (für 4 Personen bis 20 Minuten).

Für diesen köstlichen Fischgratin werden verschiedene Fischfilets und Meerfrüchte auf einem Bett von Spinat überbacken.

Venezianischer Fischgratin

(für 4 Personen)
800 g frischer Blattspinat
3 El Olivenöl
1 Zwiebel, fein gehackt

½ Knoblauchzehe, gepresst
Salz, Pfeffer und eine Prise Muskat
2 Seezungenfilets
1 Filet vom Petersfisch
1 dl Fischfond
1 dl Weisswein

2 dl Vollrahm
1 kg Moules
4 Scampi
1 Eigelb
8 schwarze Oliven, entsteint
5 Tropfen Tabasco

Den Spinat erlesen und waschen. Einen Esslöffel Olivenöl mit der fein gehackten Zwiebel und der Knoblauchzehe erhitzen. Den Spinat beigeben und andämpfen, bis er zusammenfällt. Ohne Deckel während fünf Minuten kochen lassen. Würzen, dann ausdrücken und den Spinat in die eingeölte Gratinform als unterste Lage verteilen.

Die Fischfilets von Seezunge und Petersfisch auslösen, die Gräten (ohne Häute) für den Fond verwenden. Fischfond und Weisswein in den «Vapeur» oder eine Pfanne geben, erhitzen und die Fischfilets auf dem Sieb hineinlegen. 2–3 Minuten über Dampf garen. Den restlichen reduzierten Fischfond mit Rahm um die Hälfte einkochen.

Die Muscheln waschen, entbarten und lagenweise im restlichen heissen Olivenöl anziehen, bis sie sich öffnen. Den Jus abgesiebt zur Fischsauce geben, das Muschelfleisch auslösen.

Die gewürzten Fische in die Gratinform auf den Spinat legen und das Muschelfleisch mit den ausgelösten Scampi darauf verteilen.

Die Sauce mit Eigelb binden, gut mischen und nicht mehr kochen. Mit Tabasco pikant abschmecken. Den Gratin mit der Sauce überziehen, entsteinte Olivenhälften daraufstreuen und bei mittlerer Hitze im vorgeheizten Ofen auf unterster Rille bei 200°C 15–20 Minuten gratinieren. Sofort servieren.

Hier wird nichts verwässert

Manche Nahrungsmittel –
vor allem Gemüse und Früchte –
geben beim Kochen genug eigene
Flüssigkeit ab. Das Eigenaroma
bleibt voll erhalten.

Das Dämpfen in eigener Flüssigkeit hat den grossen Vorteil, dass das Nahrungsmittel seinen Eigengeschmack behält; es wird nicht verwässert. Der Vorgang ist einfach: Zugedeckt entwickeln wasserhaltige Lebensmittel rasch Dampf, da keine fremde Flüssigkeit dazukommt. In der Regel werden zum Andämpfen Fettstoffe verwendet. Für diesen Kochprozess eignen sich vor allem Gemüse und Früchte; sie haben einen hohen Anteil an Feuchtigkeit, den sie beim Erhitzen teilweise abgeben. Sehr oft ist es nicht notwendig, andere Flüssigkeiten beizugeben. Das bedingt allerdings, dass man mit tiefen Temperaturen arbeitet. Bei hohen verdampft die eigene Flüssigkeit des Nahrungsmittels, und man muss, wenn es noch nicht gar ist, fremde nachgiessen. Gerade das ist nicht der Zweck der Übung.

Die tiefen Gartemperaturen führen dazu, dass das Dämpfen in eigener Flüssigkeit eine sehr schonungsvolle Kochmethode ist. Sie kommen auch dem Geschmack zugute und sind ernährungsmässig vorteilhaft. Mit anderen Worten: Bedient man sich einer Teflonpfanne, die kein Fett benötigt, eignet sich dieser Kochprozess auch ausgezeichnet für die Diätküche.

Normalerweise arbeitet man mit Fettstoffen und einer Chromstahlpfanne. Ich selbst verwende ausschliesslich Butter, weil kein anderer Fettstoff dem Eigengeschmack der Nahrungsmittel so förderlich ist. Drei Buttersorten sind bei uns auf dem Markt, und ich finde es wichtig, dass wir sie in bezug auf das Erhitzen richtig einsetzen. Die **frische Tafelbutter** der verschiedenen Marken kann man kalt, zum Abschmecken resp. zum leichten Erwärmen von Saucen, für Gebäck usw. brauchen. Die **Gourmetbutter** (eingesottene Butter) ist bereits einmal stark erhitzt und deshalb zum Braten gut geeignet (andere Butter würde schwarz). Fürs Dämpfen gedacht ist die **Kochbutter** in der grünen Pakkung, die ein Erhitzen auf 60° C erträgt (Dämpfen geschieht bei 60 bis 80° C).

Man gibt Butter in die Pfanne, fügt die aromagebenden Zutaten (Zwiebeln) zu und erhitzt, bis diese glasig sind. Dann fügt man das Gemüse bei und erhitzt es ebenfalls, bis es Grundstoffe abgibt. Darauf decken wir die Pfanne zu, lassen das Nahrungsmittel eigene Flüssigkeit abgeben und garen es langsam fertig. Am Schluss würzen.

Auf diese Weise lassen sich dämpfen: Spinat, Lattich, Tomaten, Zucchetti, (Zucchini), Aubergine eventuell, sonst mit ganz wenig Fremdflüssigkeit, Kabis, Wirz, Pilze, Kopfsalatherzen, Früchte wie Äpfel, Birnen, Zwetschgen, Aprikosen, Pfirsiche.

Ganz allgemein gilt die Regel: Der Kochprozess ist für **Gemüse und Obst geeignet, die bei langsamem Garen bei tiefen Temperaturen viel eigene Flüssigkeit abgeben.**

Wichtig, wie gerüstet wird

Beim Dämpfen in eigener Flüssigkeit ist es von Bedeutung, wie das Gemüse für den Kochprozess vorbereitet wurde, wie man es geschnitten hat, ob es lange liegen musste. Gemüse darf nicht lange mit Wasser und Luft in Berührung kommen, da es sonst an Vitaminen und Mineralsalzen einbüsst und mit dem Sauerstoff der Luft oxydiert. Ist es nicht möglich, das Gemüse erst im letzten Augenblick zu rüsten, so geben wir es in ein luftdicht schliessendes Plastikgefäss.

Beim **Spinat** entfernen wir, wenn er jung und zart ist, die gröberen Stiele, waschen ihn und geben ihn tropfnass in die Pfanne. Genau gleich gehen wir mit dem **Lattich** vor (Achtung: Die grasgrünen Blätter sind bitter!).

Kopfsalatherzen werden halbiert oder geviertelt, gewaschen und nass in die Pfanne gegeben. Man wendet nach 3–4 Minuten, rührt aber nicht. Da grüne Gemüse ihre Farbe verlieren, wenn sie zugedeckt gedämpft werden, deckt man nur so lange, bis sie Flüssigkeit abgeben.

Tomaten werden – jedenfalls in der gepflegten Küche – geschält. Man schneidet beim Stielansatz rund aus, macht mit dem Messer an der oberen gewölbten Seite ein Kreuz, taucht die Tomaten für einen Moment ins bereits kochende Wasser und schreckt sie dann kalt ab: So kann man die Haut mühelos abziehen. Im Ofen oder in der Pfanne dämpfen wir die Tomaten ganz oder halbiert. Tomaten werden nicht nur als eigenständiges Gemüse verwendet, sondern auch, um anderen Gemüsen Feuchtigkeit zu geben (Zucchetti, Ratatouille, Peperonata). Bei **Zucchetti** und **Zucchini** (jungen Zucchetti) sowie **Auberginen** belassen wir die Haut, wenn die Gemüse noch jung sind; ältere schälen wir und verwenden das Abgeschnittene für Gemüsebouillon oder Gemüsesuppen, denen sie Aroma geben. Wir schneiden sie in Würfel oder Scheiben, erhitzen Butter und Zwiebel, fügen das Gemüse bei und dämpfen es zugedeckt etwa 30 Minuten, indem wir gelegentlich rühren. Den Auberginen fügen wir Tomaten zu, da ihre eigene Flüssigkeit nicht ausreicht.

Kabis bzw. Kohl wird in Streifen (Julienne) oder Rhomben geschnitten und auf ein Bett angedämpfter Zwiebeln gelegt. Gelagertes Gemüse hat etwas Fremdflüssigkeit nötig.

Pilze – nur frisch sind sie erstklassig – müssen fest im Fleisch sein, und man darf nicht den Fehler begehen, sie nach dem Waschen resp. kurzen Überbrausen im Wasser liegenzulassen; sie saugen sich voll, werden schwammig und verlieren an Geschmack. Erstklassige Pilze braucht man kaum zu putzen. Falls wir sie zerkleinern, geben wir sie gleich nach dem Schneiden in die Pfanne. Pilze geben rasch Wasser ab. Meist werden sie zu lange gekocht. Sie dürfen nicht total zusammenfallen, vor allem Steinpilze sollten noch Biss haben. 3–4 Minuten, je nach Menge, Sorte, Schnittart, genügen. Mein Trick für Champignonpüree: Ich blanchiere ganze Champignons 2–3 Minuten in Weissweinsud. Nach dem Blanchieren in säurehaltiger Flüssigkeit oxydieren sie beim Pürieren weniger.

Zwiebeln, die wir für das Andämpfen brauchen, werden in der Regel fein gehackt. In der Kochschule bedienen wir uns gelegentlich auch der Bircherraffel, wenn die Zwiebeln extrem fein sein sollen. Mit älteren Zwiebeln ist das Reiben jedoch problematisch. Wir dämpfen Zwiebeln nur so lange, bis sie glasig sind; sie können so ihren Eigengeschmack am besten entwickeln. Dämpft man sie zu stark, werden sie bitter. Die feine Küche verwendet statt Zwiebeln gern **Schalotten,** weil sie im Aroma zurückhaltender sind.

Je nachdem dämpfen wir auch **Knoblauch** mit. Er ist sehr gesund, wirkt blutverdünnend. Wer den starken Geruch nicht mag, kann sich damit begnügen, die Pfanne mit Knoblauch auszureiben. Der Geruch wirkt auch weniger intensiv, wenn wir die Knoblauchzehe halbieren und den Keimling auslösen. Knoblauch wird entweder gepresst oder fein gehackt. Junger Knoblauch lässt sich sogar als Gemüse verwenden, als Beilage beispielsweise zu Lamm.

Er wird in diesem Fall geschält und dreimal nacheinander blanchiert, d.h. in kochendem Salzwasser 5 Minuten überwellt.

Ideal für die vegetarische Küche

Es liegt auf der Hand: Das Dämpfen in eigener Flüssigkeit eignet sich hervorragend für die vegetarische Küche. Ausser sichtbarem Fett enthält die

Gemüse haben von Natur aus einen hohen Anteil an Feuchtigkeit und eignen sich deshalb besonders gut zum Dämpfen ohne fremde Flüssigkeit.

Alle Gemüse zurüsten, in Scheiben und dann in dünne Streifen schneiden. Zitronenschale daruntermischen.

Den Fisch auch inwendig würzen, den Fischbauch mit allen Gemüsestreifen füllen.

Auf die bebutterte Unterlage legen und einpacken. Auf Backblech oder Gitter legen, auf unterster Rille in den heissen Backofen schieben und je nach Grösse der Fische 20 Minuten im eigenen Saft dämpfen.

Fisch und Gemüse zusammen gedämpft: Volles Aroma und wenig Kalorien — das ist das Geheimnis dieses Rezeptes.

Rindsplätzli im Saft

(für 4 Personen)
(grosses Bild)

800 g Rindsplätzli (Laffe oder Schulter), etwa ½ cm dick geschnitten

Salz und schwarzer Pfeffer aus Mühle

6–8 Zwiebeln, in Scheiben geschnitten

1 dl Fleischbouillon

50 g Kochbutter

1 Bund Petersilie, fein gehackt

5 Tropfen Tabasco

Fleisch auseinanderlegen und würzen. Zwiebeln schälen, in nicht zu dünne Scheiben schneiden und lagenweise mit dem Fleisch in einen Topf schichten. Bei Mittelhitze in den Ofen schieben oder auf dem Herd bei ebenfalls mittlerer Hitze 50–60 Minuten schmoren lassen. Nach etwa 30 Minuten mit der Bouillon anfeuchten. Die Butter in Flocken darauf verteilen und weiter schmoren. Das weiche Fleisch mit den Zwiebeln aus der Pfanne nehmen, die Flüssigkeit sämig einkochen lassen und nach Geschmack mit etwas Tabasco (Zwiebeln geben «süsse» Sauce), evtl. Salz sowie Pfeffer nachwürzen. Über das Fleisch giessen. Mit Petersilie bestreuen.

Pilze im eigenen Saft

(4–6 Portionen)

200–300 g frische Pilze, eventuell auch gemischte Sorten

20 g Tafelbutter oder 1 El Olivenöl

1 Schalotte, fein gerieben

1 Knoblauchzehe, gepresst

Kräuter wie Thymian und Majoran, fein gehackt

ein paar Rosmarinnadeln, fein gehackt

etwas fein abgeriebene Schale von 1 Zitrone (nur Gelbes)

½ El Zitronensaft

Salz und schwarzer Pfeffer aus der Mühle

Die Pilze zurüsten resp. putzen und wenn nötig mit Wasser überbrausen. Die Butter erhitzen, die Schalotte und die Knoblauchzehe mit den Kräutern und der Zitronenschale darin anziehen. Die Pilze beigeben und kurz dämpfen, bis sie zusammenfallen und Saft abgeben. Mit Zitronensaft, Salz und Pfeffer abschmecken und servieren.

Gefüllte Schmoräpfel mit Vanillesauce

(für 4 Personen)
4 mittelgrosse Äpfel
Butter für die Form
50 g Zucker
30 g Kochbutter
2 dl Weisswein oder saurer Most
Füllung:
40 g Mandeln, gerieben
abgeriebene Schale (nur Gelbes) und Saft von ½ Zitrone
2 El Vollrahm
20 g Rosinen, in Wasser eingelegt
50 g Zucker
Vanillesauce:
4 dl Milch
2 Vanillestengel, längs aufgeschnitten und ausgeschabt
30 g Zucker
2 Eigelb
10 g Kartoffelmehl

Ein Dessert für Leckermäuler: Die Äpfel werden gefüllt und gedünstet und zusammen mit Vanillesauce serviert.

Den Backofen auf 150 °C Mittelhitze vorheizen. Die Äpfel schälen. Das Kerngehäuse mit dem Ausstechmesser sorgfältig von oben her ausstechen und die Äpfel dabei aushöhlen. Für die Füllung die Zutaten zusammen feucht mischen. Diese in die Äpfel verteilen. Eine feuerfeste Form bebuttern. Die Äpfel nebeneinander hineinstellen. Mit Zucker bestreuen und mit Butterflokken belegen. 10–15 Minuten (je nach Apfelsorte) im eigenen Saft dämpfen. Dann den Weisswein oder Most dazugiessen und weitere 10 Minuten schmoren lassen. Der Zucker soll dabei karamelisieren.

Für die Sauce alle Zutaten in ein Pfännchen geben und mit dem Schneebesen gut verrühren. Die Sauce unter stetem Schwingen bei kleiner Hitze vors Kochen bringen. Erkalten lassen, dabei häufig umrühren. Die noch warmen Äpfel mit der kalten Sauce servieren.

Drei Schritte: andämpfen, ablöschen, garen

Risotto in allen Variationen sowie würzige Gemüsegerichte werden nach dem Andünsten mit Flüssigkeit abgelöscht und anschliessend weichgedämpft.

Das Dämpfen oder Dünsten mit fremder Flüssigkeit nimmt unter den Kochmethoden einen wichtigen Platz ein. Auf diese Weise lässt sich nämlich sehr vieles garen: Gemüse, Salate, Geflügel, Reis, Früchte, Obst…

Es geschieht stets dasselbe: Nahrungsmittel werden mit oder ohne Fett bei mittlerer Temperatur erhitzt. Meistens mit Fett, damit das Nahrungsmittel – vor allem das Getreideprodukt – eigene Aromastoffe entwickeln kann. Man *löscht ab* und gart im Dampf, der durch das Nahrungsmittel und die Flüssigkeit entsteht.

Von Desserts und wenigen anderen Ausnahmen abgesehen, beginnen wir mit dem Andünsten von Zwiebeln, Schalotten, eventuell auch Knoblauch. Wichtig: Sie dürfen ihre Farbe nicht verändern, sondern nur glasig werden; zu stark gebräunte Zwiebeln schmecken bitter. Dann fügen wir das Nahrungsmittel zu und dünsten es ebenfalls. Wie lange? Gemüse soll zusammenfallen und intensiv duften. Reis, Hirse, Früchte für Desserts sollen glasig sein.

Generell gilt: **Das angedünstete Nahrungsmittel darf wahrnehmbar duften, doch soll es die Farbe nicht verändern.**

Womit ablöschen?

Womit löschen wir ab? Gemüse in der Regel mit Bouillon; die Menge ist abhängig vom Feuchtigkeitsgehalt des Gargutes. Frisch geerntetes Gemüse beispielsweise braucht weniger Flüssigkeit. Als Regel kann man beachten: Das Gemüse soll angefeuchtet sein. Am besten jedoch halten Sie sich an das entsprechende Rezept.

Fleisch, Reis und Früchte etwa werden oft erst mit **Wein abgelöscht.** Man

Das perfekte Zwiebelschneiden

1. Zwiebel schälen, halbieren, Wurzelansatz gegen die Hand drehen und mit scharfem Messer 5- bis 6mal quer durch bis knapp zum Wurzelansatz schneiden.
2. Von der Längsseite möglichst feine Einschnitte bis kurz vor den Wurzelansatz schneiden.
3. Die eingeschnittene Zwiebel quer in feine Würfel hacken.
4. Mit Messer nochmals die gehackte Zwiebel in noch feinere Stücke zerkleinern.

lässt ihn bis ¾ eindampfen, damit der Alkohol verdunstet und sich nicht mehr aufdrängt. Erst jetzt giessen wir andere Flüssigkeit – meist Bouillon – nach. Die Menge ist im Rezept angegeben.

Für Risotto nenne ich Ihnen die folgende Faustregel: Für 50 g Rundkornreis (Vialone) verwendet man dreimal mehr fertige, siedende Flüssigkeit. Löscht man erst mit Wein ab, so rechnet man ihn nicht mit ein, da er ja grösstenteils verdampft.

Soll man kalt oder warm ablöschen? Früher wurde geraten, nur heiss abzulöschen. Das hatte seinen Grund in den damals gebräuchlichen Aluminiumpfannen; durch den schockartigen Vorgang haben sie sich verzogen. Unsere modernen Chromnickelstahlpfannen sind nicht nur stoss-, schlag- und säurebeständig, sondern sie vertragen auch grösste Hitze. Wenn ich dennoch empfehle, im Zweifelsfall warm abzulöschen, so deshalb, weil das abgelöschte Nahrungsmittel dann sofort weiterkochen kann. Aus geschmacklichen Gründen wäre es jedoch falsch, dazu Boilerwasser zu verwenden. Am besten setzt man kaltes Wasser auf, löst den Bouillonwürfel darin auf und verwendet die Brühe dann heiss zum Ablöschen. Gelöste Bouillon hat den Vorteil, sich besser zu verteilen. Noch besser schmeckt natürlich selbstgemachte Fleisch- oder Geflügelbrühe.

Während das Kochgut nun gart, decken wir die Pfanne zu, damit der aufsteigende Dampf auf das Nahrungsmittel zurückfallen kann. Den Deckel nicht aufsetzen, sondern höchstens anlegen dürfen wir bei gewissen grünen Gemüsen wie Bohnen und Broccoli, die ihre Farbe verändern, wenn wir sie um den Luftsauerstoff bringen.

Kaloriensparend

Das Dünsten in fremder Flüssigkeit bringt generell nicht allzu viele Kalorien, denn der Fettanteil ist gering. Wer es noch kalorienärmer wünscht, kann teflonbeschichtetes Geschirr gebrauchen; allerdings ist dann der Geschmack nicht mehr derselbe, denn Fettstoffe helfen, den Eigengeschmack des Nahrungsmittels zu entwickeln. Eine weitere Möglichkeit, beim Dünsten Kalorien zu sparen, besteht darin, zum Ablöschen entfettete Bouillon zu verwenden: Man lässt sie kalt werden und entfernt das Fett mit Hilfe eines Filters.

In Dampfkochgeräten, auf die wir noch zu reden kommen, kann man natürlich auch dämpfen.

Alles in allem: **Dämpfen in fremder Flüssigkeit ist eine schonende Methode, die geschmacklich gute Resultate bringt.**

Da dabei niemals hohe Temperaturen entstehen wie beim Braten, werden die hitzeempfindlichen Vitamine weniger zerstört. Da nie in so viel Wasser gekocht wird wie beim Sieden, werden die Mineralsalze weniger im Wasser aufgelöst und dann weggeschüttet. Das Dämpfen in fremder Flüssigkeit verändert das Nahrungsmittel kaum und macht es leichter verdaulich. Auch sind wenig Gewürze notwendig. Schliesslich handelt es sich um eine einfache Kochmethode, die auch ohne weiteres von Anfängern praktiziert werden kann. Denn die Gefahr des Anbrennens ist geringer, als wenn das Nahrungsmittel in der eigenen Flüssigkeit dünstet. Allerdings bedeutet dies nicht, dass man es vollkommen unkontrolliert garen lassen darf. Vor allem gegen das Ende der Kochzeit sollte man nachschauen und die Flüssigkeit kontrollieren.

Risotto – Schritt für Schritt

1. Butter oder Olivenöl, feingehackte Zwiebel, eventuell Knoblauch und Rundkornreis zusammen bei *mässiger* Hitze andämpfen, bis die Reiskörner glasig werden.
2. Mit Weisswein ablöschen. Die Flüssigkeit total verdampfen lassen.
3. Mit dreimal mehr siedender, gewürzter Bouillon auffüllen.

Ganz gewöhnlicher Risotto – als Hauptgericht zubereitet

(für 4 Personen)

1 El Kochbutter
1 Zwiebel, fein gehackt
1 Knoblauchzehe, gepresst
200 g Rundkornreis (Vialone)
1 dl guter Weisswein
6 dl heisse gewürzte Fleischbrühe
50 g Parmesan, frisch gerieben
10 g frische Butter

Die Butter erhitzen. Die Zwiebel beigeben und glasig dämpfen. Knoblauch und Reis zufügen. So lange bei mittlerer Hitze dämpfen, bis die Reiskörner glasig werden. Mit dem Wein ablöschen. Eindampfen lassen, bis die Flüssigkeit nicht mehr sichtbar ist. Die Fleischbrühe zufügen. Unter dauerndem Umrühren mit einer Holzkelle bei mittlerer Hitze 20 Minuten kochen lassen. Butter beigeben, umrühren und sofort servieren.

Pilz-Risotto

(für 4 Personen)

1 El Olivenöl
10 g Butter
1 Zwiebel, fein gehackt
1 Knoblauchzehe, gepresst
200 g Rundkornreis (Vialone)
200 g frische Steinpilze oder 20 g getrocknete Pilze, Eierschwämme oder Feldchampignons
1 dl Weisswein
7 dl Hühnerbrühe
einige Rosmarinnadeln, fein gehackt
etwas Majoran und Oregano, fein gehackt
50 g Parmesan, frisch gerieben
20 g Tafelbutter

Öl und Butter erhitzen und die Zwiebel und den Knoblauch zusammen mit dem Reis darin andämpfen, bis der Reis glasig wird, die Pilze (getrocknete mindestens 1 Stunde vorher in lauwarmes Wasser eingelegt) einen Moment miterhitzen. Mit Weisswein ablöschen und diesen eindampfen lassen. Das Einweichwasser der Pilze durch einen Kaffeefilter absieben und mit gut gewürzter Hühnerbrühe auf 7 dl ergänzen. Damit ablöschen und den Risotto unter öfterem Rühren während 20 Minuten al dente kochen. Mit Kräutern, Käse und Butter abschmecken. Der Risotto soll «suppenartig» sein und kann als Vorspeise oder als Hauptgericht serviert werden.

Andere Varianten:
● Miesmuscheln, Vongole oder Palourdes abkochen. Muschelsaft und -fleisch unter den Risotto ziehen. Vorsicht mit Gewürzen, da die Muschelflüssigkeit salzig ist.
● An Stelle der Pilze zusätzlich frisch gehackte Kräuter wie Kerbel, Spinat und Basilikum unter den fertigen Risotto ziehen.
● Im Frühjahr frische, junge Erbsen – mit einer Prise Zucker weichgekocht – sowie kurz gebratene Schinkenstreifen beigeben.

Risotto nach Padua-Art

(für 4 bis 6 Personen, als Vorspeise oder als Hauptgericht)

2 El Olivenöl
1 Zwiebel, gehackt
2 Knoblauchzehen, gepresst
2 Rindsmarkknochen
100 g frische Pilze (Steinpilze) oder 10 g in Wasser eingelegte Pilze
1 Rüebli und 1 kleines Stück Sellerie, in feine Streifen geschnitten
200 g Rundkornreis (Vialone)
1 dl guter Weisswein
6 dl Hühnerbouillon
je ½ Tl Rosmarin, Majoran, Origano, fein gehackt
250 g Pouletleber «geputzt»
10 g Butter
Salz und Pfeffer
½ dl Madeira
1 Bund Petersilie, fein gehackt

Das Olivenöl in einer Pfanne mit Zwiebel und Knoblauch erhitzen. Das ausgelöste und in Würfel geschnittene Rindsmark mit den Pilzen (Pilzwasser zurückbehalten) sowie mit Rüebli, Sellerie und Reis andämpfen. Mit Weisswein ablöschen, die Flüssigkeit eindampfen lassen. Das abgesiebte Pilzwasser mit Hühnerbouillon mischen. Mit total 7 dl Flüssigkeit ablöschen. Die Kräuter beigeben. Den Reis unter öfterem Umrühren 20 Minuten kochen. Inzwischen die ganzen gereinigten Leberchen in Butter kurz braten. Mit Salz und Pfeffer würzen. Den Madeira darübergiessen und die Pfanne beiseiteziehen. Die Leber mit der Flüssigkeit unter den feuchten Risotto mischen. Nach Geschmack nachwürzen und mit Petersilie bestreuen.

Wenn frische Pilze verwendet werden: Pilze zurüsten, eventuell in Scheiben schneiden und in etwas Olivenöl mit wenig gehackter Schalotte und Knoblauch kurz andämpfen. Mit Salz und Pfeffer leicht würzen und zuletzt unter den Risotto ziehen.

Vorsicht: Die Leberchen müssen sorgfältig «geputzt», d.h. von dicken Blutadern befreit werden. Sollten Gallenrückstände sichtbar sein, so müssten diese tief ausgeschnitten werden.

Mailänder Risotto

(für 4 Personen)

2 Rindsmarkknochen
10 g Butter
1 El Olivenöl
1 Zwiebel, fein gehackt
1 Knoblauchzehe, fein gehackt
200 g Rundkornreis (Vialone)
1 dl Weisswein
6 dl kräftige, gewürzte Hühnerbrühe
1 Beutelchen Safran
je ½ Tl Origano, Thymian, Rosmarin, fein gehackt
30 g frische Butter
½ dl Rahm, geschlagen
50 g Parmesan, frisch gerieben

Mark aus den Knochen lösen und in kleine Würfel schneiden. Butter und Olivenöl erhitzen. Mark, Zwiebel und Knoblauch bei leichter Hitze darin andämpfen. Den Reis einstreuen und glasig dünsten. Mit Weisswein ablöschen und eindampfen lassen. Einen Drittel der heissen Bouillon dazugiessen, den Safran und die Kräuter beigeben. Umrühren, bis die Flüssigkeit aufgenommen ist. Den zweiten Drittel der Bouillon zufügen und unter Rühren weiterkochen lassen, bis die Flüssigkeit grösstenteils aufgenommen ist. Die Pfanne kann jetzt beiseitegeschoben werden. Erst vor dem Servieren die restliche Flüssigkeit, Butter, Rahm und Parmesan darunterziehen.

Tomaten-Risotto

Gleiche Zubereitung wie Mailänder Risotto. Mark, Safran und Weisswein weglassen, dafür 1 dl Rotwein sowie 500 g geschälte und entkernte Tomaten verwenden. Zusätzlich mit Basilikum abschmecken.

Spargel-Risotto in Luxusausführung: abgelöscht wird er mit Champagner, raffiniert gewürzt mit Zitronenschale, Schlagrahm und Parmesan.

Risotto mit Spargeln

(für 4 Personen)

1 Bund (16 Stück) Spargeln, auch grüne
6 dl Spargelkochwasser (mit etwas Salz, 1 Prise Zucker und etwas Butter)
4–5 dl hausgemachte Geflügel- oder Fleischbrühe
1 El Olivenöl
1 Schalotte, fein gehackt
200 g Rundkornreis (Vialone)
etwas abgeriebene Zitronenschale
50 g Parmesan, frisch gerieben
1 El Rahm, geschlagen

Die Spargeln zurüsten. Grüne Spargeln braucht man nicht zu schälen. Die Spitzen in Längen von etwa 5 cm zuschneiden und kurz in Spargelwasser vorkochen, bis sie knapp weich sind. Das übrige Spargelfleisch für Suppe oder Gratin oder in Stücke geschnitten auch für den Risotto verwenden. Die Spargelspitzen aus der Flüssigkeit nehmen und mit Folie bedeckt beiseitestellen. Die Spargelflüssigkeit mit Bouillon (Geflügel- oder Fleischbrühe) auf 6 dl ergänzen. Das Olivenöl erhitzen. Schalotte und Reis mit fein abgeriebener Zitronenschale (nur Gelbes) andämpfen. Mit dem gemischten Spargelwasser ablöschen und alles unter Rühren zirka 20 Minuten al dente kochen. Zuletzt den Käse und den Schlagrahm darunterziehen und die Spargelspitzen sorgfältig beimischen oder auf den Reis legen und so erhitzen. Als Vorspeise (½ Portion) oder als Hauptgericht servieren.

Champagner-Risotto mit Spargeln

Gleiche Zubereitung wie Risotto mit Spargeln. 6 dl Bouillon, mit Spargelwasser gemischt, auf 5 dl reduzieren und den Reis mit 2 dl französischem Champagner ablöschen. Diesen zur Hälfte eindampfen lassen, dann die Bouillon beigeben.

Gedämpftes Lauchfondue

(für 4 Personen)

1 Schalotte oder Zwiebel, fein gehackt
10 g Kochbutter
400 g Lauch-Julienne
1 dl trockener Weisswein
1 dl Gemüse- oder Fleischbouillon, gewürzt
1 dl Doppelrahm
Salz
Muskat
5 Tropfen Tabasco

Die gehackte Schalotte in der heissen Butter anziehen, bis sie glasig wird. Den Lauch zufügen und mitdämpfen, bis alles gut riecht. Mit Weisswein ablöschen, einkochen lassen und mit Bouillon sowie Doppelrahm während 50 Minuten bei Mittelhitze leise kochen lassen. Nach Geschmack mit Salz, Muskat und Tabasco nachwürzen. Zum Beispiel zu grilliertem Fleisch servieren.

Gedämpfter Lattich mit Salmstreifen

(für 4 Personen)

1 grosser Lattich, zugerüstet
20 g Kochbutter
1 El Olivenöl
½ Zwiebel, fein gehackt
1 dl Gemüsebrühe (Gemüsebouqet in Wasser ca. 1 Stunde ziehen lassen)
200 bis 320 g frischer Salm, filetiert und in fingerbreite Streifen geschnitten
Meersalz und Pfeffer aus der Mühle
1 El Olivenöl
1 Bund Kerbel, grob gehackt

Den Lattich zurüsten, grüne Blätter entfernen und in zentimeterbreite Streifen schneiden. Butter und Olivenöl erhitzen. Zur Butter die Zwiebel geben und glasig andämpfen. Die Lattichstreifen roh zufügen und in den glasigen Zwiebeln drehen. Mit Gemüsebrühe ablöschen und bei schwacher Hitze 3 bis 4 Minuten dämpfen. Beiseite ziehen.

Die Salmstreifen mit Meersalz und Pfeffer würzen und im heissen Olivenöl minutenschnell anziehen. Sie müssen inwendig rosa bleiben. Den Kerbel darüberstreuen.

Den Lattich ohne Saft anrichten, mit Salmstreifen belegen und als Vorspeise servieren.

Dorade royale mit Limes

(für 4 Personen)

1 Dorade royale (Goldbrasse) von 1,2 kg – 1,5 kg
1 grosse Knoblauchzehe
20 g Butter
1 Fenchel mit Kraut
3 Schalotten
1 Bund Petersilie
feine Streifchen von 2 Limettenschalen
4 EL Olivenöl
½ dl weisser Rum
2 dl kräftiger Fischfond
Meersalz und Pfeffer

Die Goldbrasse (möglichst tagesfrisch) schuppen und ausnehmen, ausspülen und mit nassem Tuch abreiben. Eine feuerfeste Platte mit Knoblauch ausreiben und mit Butter ausstreichen. Das Fenchelkraut mit den Schalotten fein gehackt auf den Boden der Form streuen, ebenso ein paar Fenchelstreifen. Die Petersilienstengel mit den blanchierten Limettenschalenstreifchen, 1 EL Olivenöl und dem Rum dazugeben. Den Fischfond darübergiessen. Alles zum Kochen bringen. Die Goldbrasse mit Meersalz und Pfeffer würzen, Limet-

Ein Sommerschmaus, der an Ferien erinnert: Ratatouille aus Auberginen, Tomaten, Zucchini und Zwiebeln, gedämpft in Olivenöl, Wein und Bouillon.

Gedämpftes Ratatouille

(für 4 bis 6 Personen)

1–2 Auberginen
2 Zucchini oder 1 Zuchetto
4 frische Tomaten, geschält
1 Zwiebel, fein gehackt
1 Knoblauchzehe, fein gehackt
1 El Olivenöl
1 dl guter Rotwein
2 dl Fleischbrühe
1 Zweig frischer Thymian, Blättchen abgestreift
etwas Rosmarin, Nadeln fein gehackt
Salz
Pfeffer
5 Tropfen Tabasco
50 g Parmesan, gerieben

Die Gemüse waschen und zurüsten. Auberginen und Zucchini, wenn zart mit der Haut, in Würfel schneiden. Die Tomaten einen Moment in kochendes Wasser tauchen, herausheben, kalt überbrausen und die Haut abziehen. Zwiebel und Knoblauch in Olivenöl andämpfen.

Die Gemüse zufügen und erhitzen, bis sie zusammenfallen. Mit Rotwein ablöschen und diesen eindampfen lassen.

Die Brühe dazugiessen und die grobgehackten Kräuter über die Gemüse streuen. Ohne Deckel bei mittlerer Hitze rund 50 Minuten leise kochen lassen, bis das Gemüse knapp weich und die noch verbleibende Flüssigkeit dicklich wird.

Mit Salz, Pfeffer und Tabasco nachwürzen und in vorgewärmte Suppenteller anrichten. Mit Käse überstreuen.

tenscheiben einfüllen und den Rest der Fenchelstreifen in den Bauch schieben. Mit dem restlichen, heissen Olivenöl begiessen. Den Schwanz eventuell mit Folie schützen.

Den Fisch auf unterster Rille bei mittlerer Hitze in den Ofen schieben und 20 Minuten dämpfen. Danach den Fond passieren, reduzieren, abschmekken und dazu servieren.

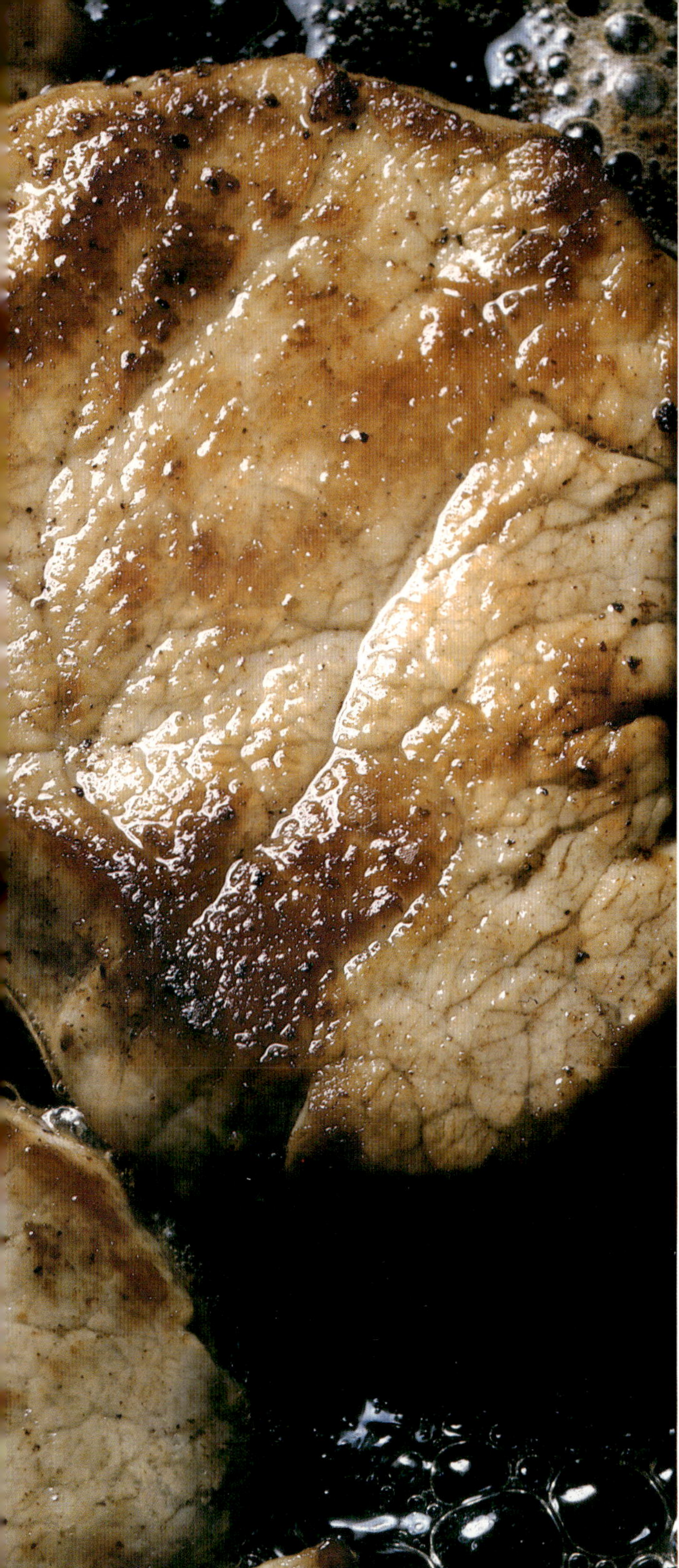

Schnelle Küche mit Tücken

Schnitzel, Steaks, Innereien
und Geschnetzeltes werden
oft zur kulinarischen Enttäuschung.
Aber man kann verhindern,
dass sie trocken oder zäh werden.

Es scheint so leicht zu sein, dass sich selbst Junggesellen und Strohwitwer an Kurzgebratenes wagen: Man wirft ein Kotelett in die Pfanne… Dabei stellt das Braten von Kleingeschnittenem – meist handelt es sich um Fleisch – die heikelste Form dieser Kochart dar. Denn es ist nicht einerlei, ob sich das Kotelett nur als trocken oder noch als schön saftig erweist. Wobei, das sei zugegeben, nicht nur die sorgsame Zubereitung eine Rolle spielt, sondern auch die Qualität des Fleisches.

Kleingeschnittenes Fleisch wird in der Regel nur kurz gebraten. Wenn etwas schiefgeht, so kann es an einem der folgenden Gründe liegen:

● Geschnetzeltes wurde in zu grossen Mengen und zu wenig heiss gebraten, so dass es Wasser zieht.
● Kleingeschnittenes Fleisch wird zu lange gebraten, so dass es zäh und trocken wird.
● Der Bratenjus wird abgelöscht, während sich das Fleisch noch in der Pfanne befindet.
● Man lässt Schnitzel und Steaks nach dem Braten nicht genügend ruhen.

Aus diesen Fehlern können wir lernen:

Geschnetzeltes, auch Ragoût, wird portionenweise angebraten, Fleisch, das saignant (nicht durchgebraten) sein soll, braten wir sehr heiss in einer gusseisernen Pfanne. Für geschnetzeltes Schweinefleisch und Hackfleisch, die zum Anbraten weniger Hitze brauchen, können wir Teflonpfannen mit den neuen Belägen verwenden, die bis 170 °C aushalten.

Zum Braten verwende ich persönlich stets eingesottene Butter (Gourmetbutter aus der Dose), denn sie verträgt als einzige die hohen Temperaturen.

Ein Warmstellen des angebratenen Fleisches erübrigt sich, denn es kommt vor dem Servieren ja noch einmal in die heisse Sauce zu liegen. Durch nicht gedecktes Warmhalten würde es austrocknen.

Wie lange soll gebraten werden?

Wie lange gebraten wird, kommt auf die Schnittart des Fleisches an und darauf, wie sehr man es gebraten wünscht.

Bleu: Es wird bei sehr starker Hitze «scharf» gebraten, damit eine schöne Kruste entsteht. Das Fleisch soll innen rot und im Kern noch kalt sein. Profis erkennen durch Fingerdruck: Je mehr ein Fleisch durchgebraten ist, um so fester fühlt es sich an. Will man es «bleu» haben, muss es noch weich sein. Der Fleischsaft ist dunkelrot, und für ganz Extreme soll das Fleisch im Kern kalt bleiben (Rindsfilet).

Saignant: Man brate es bei etwas weniger Hitze etwas länger als für «bleu». Die Kruste entsteht so langsamer, das Fleisch ist innen noch rot, doch heiss, der Saft mittelrot. Eine Regel besagt: Die Höhe des Steaks spielt eine wichtigere Rolle als seine Grösse. Pro Zentimeter Höhe rechnet man 3 Minuten Bratzeit.

A point: Es wird noch ein bisschen länger und mit noch ein bisschen weniger Hitze gebraten. Wenn man mit dem Finger auf das Fleisch drückt, soll der austretende Saft hellrot sein.

Der Begriff **«durchgebraten»** findet sich in meinem Vokabular nicht. Denn durchgebratenes Fleisch ist meist hart und zäh, weil, je länger man brät, um so mehr Saft ausläuft. Auch die Grösse des

Fleischstückes reduziert sich entsprechend.

Für alle Garpunkte gilt: Das Fleisch soll nicht aus dem Kühlschrank, sondern mit Zimmertemperatur in die Pfanne kommen.

Mit wenigen Ausnahmen wird der Bratenjus nicht abgelöscht, solange sich das angebratene Fleisch noch in der Pfanne befindet. Denn kleingeschnittenes Fleisch ist nach dem Braten derart zart, dass es nicht noch in Flüssigkeit kochen muss. Man nimmt es aus der Pfanne, löscht den Bratensatz mit Wein ab und lässt ihn beinahe vollständig eindampfen. Dann fügt man Rahm bei – Vollrahm, denn mit Kaffeerahm läuft man Gefahr, dass die Sauce scheidet. Allerdings kann sie auch mit Vollrahm rieselig werden: Wenn man den Weisswein nicht genügend eindampfen liess und noch Säure übrig ist.

Die Sauce mit dem Rahm soll gut einkochen und dabei bräunlich werden. Benötigt man grössere Mengen, kann man z.B. beim Zürcher Geschnetzelten Kalbsfond beigeben. Wenn die Sauce fertig ist, vermischt man sie mit dem beiseitegestellten Fleisch und dem Saft und serviert das Gericht sofort. Übrigens: Die Sauce wird erst am Schluss gewürzt, mit Pfeffer und Salz, eventuell mit einer Spur Muskat. Denn erst dann weiss man nämlich, wieviel Aroma das zuvor gewürzte Fleisch an sie abgegeben hat und wie sie sich durch das Einkochen verändert hat.

Meine persönliche Ausnahme: In einem einzigen Fall weiche ich ab von der Regel, dass Kurzgebratenes nicht in der Pfanne verbleiben soll, wenn man ablöscht – bei meinen Luxus-Rahmschnitzeln. Sie sind aus Kalbsfilet geschnitten, zirka ½ cm dick. Man würzt sie, bemehlt sie ganz leicht und brät sie in Kochbutter auf beiden Seiten rasch an.

Dann giesst man bei grosser Hitze Vollrahm über die Schnitzel und kocht alles zusammen 2 bis 3 Minuten. Da es auf diese Weise nur kurze Zeit in der Pfanne bleibt, besteht keine Gefahr, dass das Fleisch zäh wird. Höchstens mürbe, mit Rahm gesättigt, zartschmelzend. Es ist dies das einfachste aller Schnitzelrezepte.

Was schliesslich das «Ausruhen» der Fleischstücke betrifft: Man sollte sie nicht gleich nach dem Braten auf den Tisch bringen (meine Luxusschnitzel ausgenommen), sondern bei etwa 60 °C erst eine halbe Stunde im Ofen «abstehen» lassen.

Wie kauft man Filetfleisch ein?

Ein gutes Stück Rindsfilet sollte marmoriert, von feinen Fettfasern durchzogen sein; sie verhindern, dass das Fleisch austrocknet. Dieses Merkmal deutet auch auf eine gute Zucht und eine prima Ernährung des Tieres hin.

Was die Frische betrifft, so hielt man es früher stolz mit «abgehangenem» Fleisch, das braun-grau, also bereits am Zersetzen war. Heute legt man Wert auf frische Qualität, auf rotes bis dunkelrotes Fleisch. Die Frischfleischfarbe lässt auf das Alter der Tiere schliessen. Qualitativ kann beides sehr zart sein.

Und die Menge? Bei kleingeschnittenem Fleisch rechnet man pro Person rund 120 Gramm, vor allem, wenn man das Geschnetzelte noch mit Champignons mischt. Bei Steaks, die eine bestimmte Dicke haben müssen, auch bei Entrecôtes, kalkuliert man pro Person 150 bis 200 Gramm brutto. Jedes Fleisch verliert beim Garen Gewicht.

Entrecôte double

Entrecôte double ca. 350 g
Gewürzt und beidseitig kräftig angebraten, während einer Stunde im Backofen bei 80 °C Mittelhitze liegenlassen.

Kleinfleisch ist nicht gleich Kleinfleisch

Was bis anhin vom Geschnetzelten gesagt wurde, gilt für Kalb und Schwein. Rindsgeschnetzeltes sollte etwa 30 Minuten in der Sauce mitkochen. Das bezieht sich allerdings nicht auf Fleisch von Huft und Filet, die à la minute gebraten werden.

Leber wird nie durchgebraten, weder die vom Kalb noch die vom Rind, noch die von Lamm, Gitzi, Kaninchen oder von irgendeinem Geflügel! Leber kann man geschnetzelt, am Stück, in Tranchen oder an Spiessli braten. Verwendet man sie am Stück, so muss man sie erst enthäuten und grobe Blutadern oder Gallenrückstände entfernen resp. tief ausschneiden. Bei der geschnetzelten Leber ziehe ich die von Hand geschnittene vor.

Angebraten wird die Leber wie das Geschnetzelte: Man würzt sie und zieht sie lagenweise rasch durch die heisse Butter. Es gibt geschnetzelte Leber auf die verschiedenste Weise: venezianisch mit Zwiebeln, auf Berliner Art mit Zwiebelringen und Apfelscheiben, mit Pilzen, Nierli, Kräutern (vor allem Salbei) und andere Varianten.

Tranchen kann man, mit Butter bestrichen, kurz grillieren und vor dem Auftischen wenige Minuten abstehen lassen. Man kann sie auch «scharf» braten. Dann lässt man sie im Ofen bei 50 bis 60 °C ungefähr 10 Minuten ruhen. Spiessli braten geruhsam bei mässiger Hitze, damit sie inwendig zartrosa bleiben.

Kalbs- oder Rindsleber?

Der Preisunterschied lässt uns diese Überlegung anstellen. Nicht immer ist das Teurere auch das Bessere. Leber von einem jungen Rind kann geschmacklich besser sein als Kalbsleber. Allerdings muss man sich auf den Metzger verlassen können…

Rindsleber wird auf die gleiche Weise zubereitet wie Kalbsleber, man brät sie nicht länger. Und wenn vom Einlegen in Milch die Rede ist, so bezieht es sich ausschliesslich auf die Schweinsleber. Für alle Leberarten – für die Innereien im allgemeinen – gilt: Sie müssen topfrisch sein. Das heisst in vielen Fällen, dass man sie Anfang der Woche kaufen soll, wenn frisch geschlachtet wurde.

Bei der Geflügelleber ist es wichtig, dass sie nicht die kleinste Spur von Galle enthält, denn sie könnte das ganze Gericht bitter machen. Bei der Zubereitung von Geflügelleber geht man gleich vor wie bei der anderen Leber, doch wird sie nicht geschnitten, sondern meist ganz belassen.

Unter «Leberspiess nach Zürcher Art» versteht man Kalbsleber mit Speck und Salbei. Früher nahm man sich die Mühe, die Leber in kleine, dünne Tranchen zu schneiden, zu würzen, ein Stück blanchierten oder angebratenen Frühstücksspeck und dann ein Salbeiblatt darauf zu legen. Jede Tranche wurde mit Hilfe eines Schweinsnetzes eingerollt und so einzeln mit Spiesschen versehen und gebraten. Ich finde das die bessere Methode, denn wie oft bekommt man doch Spiesse vorgesetzt, bei denen das Fleisch aussen fast verkohlt und innen noch roh ist.

Steak muss nicht vom Filet stammen

Unter «Steak» wird landläufig «Filetsteak» verstanden. Dabei lautet seine Definition lediglich: dicker als Schnitzel und saftiger.

Steak kann aus dem Filet, aber auch aus der Huft oder dem Hohrücken geschnitten sein. Und es muss nicht unbedingt vom Rind stammen.

Kalbssteak schmeckt besonders gut aus dem Nierstück und hat dann Kotelettform, doch keine Knochen. 180 bis 200 Gramm schwer, brät man es beidseitig bei mittlerer Hitze, so dass es innen noch relativ roh ist; dann lässt man es bei 80 °C mindestens 40 Minuten im Ofen ruhen.

Schweinssteak stammt vom Filet oder vom Hinterviertel, Lammsteak vom Gigot.

Schnitzel kann auch Plätzchen heissen

Unter Schnitzel (Plätzchen) versteht man dünngeklopftes Fleisch vom Schwein, Rind, Kalb, Wild, Geflügel. Der Klassiker bei den Kalbsschnitzeln ist das **Wiener Schnitzel:** hauchdünn, tellergross und paniert. Beim Panieren spielt die Reihenfolge eine wichtige Rolle: würzen, hauchdünn bemehlen, erst im verklopften Ei, dann im Paniermehl drehen. Sonst hält die Panüre nicht. Das beste Paniermehl ist hausgemacht; Luxusqualität z. B. aus selbstgebackener Brioche oder aus ebensolchem Brot.

Von einem **Paillard** ist die Rede, wenn man das Schnitzel nature serviert, gebraten oder vom Grill. Es gibt auch Schnitzel, die im Ausbackteig gebraten werden. Und dann alle die Landesspezialitäten wie Holsteinschnitzel (mit Spiegelei und Sardellen), Saltimbocca (mit Speck und Salbei), Piccata (in einem Teiglein aus frisch geriebenem Parmesan und zerquirltem Ei gewendet), Cordon bleu (mit Schinken und Käse gefüllt und paniert)…

Koteletts stammen aus dem Rücken des Tieres. Entnimmt man sie dem Stück oben beim Hals, haben sie keinen Knochen. Sie sind an dieser Stelle beim Schwein sehr saftig, doch auch ziemlich fett. Koteletts gibt es von Schwein, Kalb, Lamm, Wild. Sie werden relativ gut angebraten, doch nicht ganz durchgegart. Man lässt sie im Ofen bei 60 °C 30 bis 40 Minuten abstehen.

Geflügel

Die neuzeitliche Küche hat es mit sich gebracht, dass kurzgebratenes Geflügel aktuell wurde. Man brät nicht mehr ganze Tiere wie Poulets, sondern nur noch zarte Stücke wie Brüstchen.

Wichtig zu wissen: **Geflügelbrüstchen** werden kurz gebraten, saignant bis à point serviert. Nach dem Braten sollte man sie unbedingt abstehen lassen: je nach Dicke mindestens 20 Minuten bei 60 °C Ofentemperatur. Das Fleisch hat so die Gelegenheit, sich zu entspannen und zarter zu werden. Wenn man es aufschneidet, tritt kein Saft mehr aus.

Ist die Geflügelbrust durch Fett und Haut geschützt (wie beispielsweise bei der Ente), brät oder grilliert man diese Haut mit, denn sie bewahrt den Eigengeschmack und trägt ausserdem dazu bei, dass das Fleisch saftig bleibt. Vor dem Servieren kann man diese Teile entfernen. Bei einer schönen Ente pflegen Gourmets jedoch gerade darauf Wert zu legen…

Die Sauce wird separat zubereitet

Die Saucen für die verschiedenen kurzgebratenen Geflügelteile werden stets separat zubereitet. In der feinen Küche verwendet man dazu **Geflügelfond.** Er wird wie die anderen Fonds aus Knochen und Fleischabschnitten, zusätzlich auch aus dem Hals und den Innereien (Herzen, gesäubertem Magen) hergestellt. Häute sollten nicht für den Fond verwendet werden, da sie einen zu hohen Fettanteil haben und so den Fond fettig machen.

Von den billigen Geflügelstücken sind die **Truthahnschnitzel** die populärsten – und auch die verrufensten. Truthahn gilt als sehr zartes Fleisch, das dann gut schmeckt, wenn man es bei mittlerer Temperatur langsam brät, bis es à point und innen noch saftig ist.

Vom Alltag zum Luxus

Zum kurzgebratenen Kleingeschnittenen gehören auch **Filetgulasch** und **Filet Stroganoff.** Beim Filetgulasch wird Rindsfilet in Würfel geschnitten und saignant gebraten. Die Sauce basiert auf Kalbsfond mit Tomaten und Gewürzen, verfeinert mit Cognac und Rahm. Beim Stroganoff wird das Fleisch in Streifen geschnitten und der Sauce Sauerrahm und/oder Essiggurken beigefügt.

Beide Gerichte haben den Vorteil, dass man sie gut vorbereiten kann und dass sie sich mit separat gebratenen Kartoffeln und mit Gemüsen wie Zucchini, Sellerie, Rüebli anreichern lassen. Man mischt erst am Schluss und erhält so ein gepflegtes Gulasch. Ist es abgekühlt, so richtet man es auf einer Platte an und wärmt es 1 Stunde im 80 °C heissen Ofen mit der Sauce.

Eine Ausnahme von der erwähnten Regel bildet das **Hackfleisch,** eine der wohl feinsten unter unseren Fleischsorten. Man lässt es bei kleiner Hitze anziehen, fügt Gewürze, Kräuter, Gemüse bei und löscht ab, **während das Fleisch in der Pfanne bleibt.** Man kann erst Rotwein eindampfen lassen, dann Bouillon zugeben und je nach der Verwendung Zutaten wie Tomaten oder Pilze und Rahm zum Abschmecken beifügen.

Wichtig ist beim Hackfleisch die Qualität. Wer fertig Angebotenem misstraut – es ist oft recht fett –, kauft das Fleisch – beispielsweise für Dreierlei – deshalb besser am Stück und lässt es hacken oder hackt es selbst.

Was sich aus Hackfleisch alles machen lässt, brauche ich nicht aufzuzählen. Ich kenne viele Männer, die von Zeit zu Zeit von «Ghacktem» mit Hörnli schwärmen…

Wiener Schnitzel panieren

  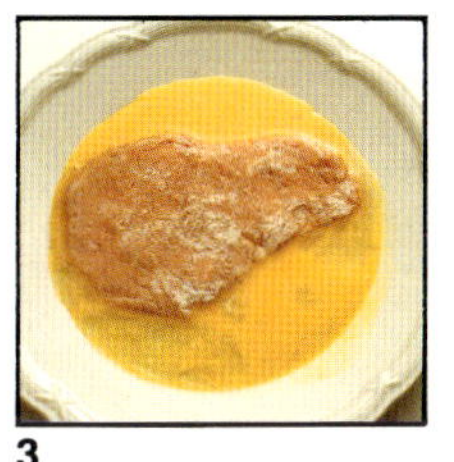 

1 2 3 4

5

1. Zutaten: Kalbsschnitzel, Ei, Mehl, Paniermehl, Salz, Pfeffer.
2. Das Ei verklopfen. Das Fleisch würzen und in wenig Mehl wenden.
3. Das bemehlte Schnitzel durch das verklopfte Ei ziehen.
4. Im Paniermehl panieren.
5. Gebratenes Wiener Schnitzel.

Wiener Schnitzel

(für 4 Personen)

4 Kalbsschnitzel vom «Bäggli», dünn ausgeklopft

Salz und Pfeffer

1 El Mehl

2 Eier, zerklopft

5–6 El Paniermehl

100 g eingesottene Butter

1 Zitrone

1 kleiner Bund Petersilie, gehackt

1 Tl Paprikapulver

4 Sardellenfilets

Schnitzel mit Salz und Pfeffer würzen. Im Mehl wenden, so dass eine hauchdünne Schicht am Fleisch haftenbleibt. Eier verklopfen, ebenfalls leicht würzen und die Schnitzel nacheinander zuerst durch die Eier und dann durchs Paniermehl ziehen. Die Panüre gut andrücken, Schnitzel nicht aufeinanderlegen. In Butter beidseitig goldbraun und knusprig backen. Auf Kreppapier legen und im Ofen bei 50 °C warm halten. Die gelbe und die weisse Schale der Zitrone grösstenteils rundum wegschneiden. Zitrone in dünne Scheiben teilen und halb mit Paprikapulver, halb mit gehackter Petersilie bestreuen. Sardellenfilets in lauwarmem Wasser wässern. Je ein Filet aufgerollt auf die Zitronenscheibe legen.

Rahmschnitzel nach Agnes Amberg

(für 4 Personen)

*8–12 dünne Schnitzel (à ca. 30 g)
vom Kalbsfilet (oder Kalbsschlüsselriemen)*

Salz und Pfeffer

1 Tl Mehl

30 g frische Butter

2 dl Vollrahm

1 Salbeiblatt, ganz fein gehackt

Fleisch würzen und ganz leicht mit Mehl bestäuben. Butter mittel erhitzen, das Fleisch sekundenschnell beidseitig anbraten und den Vollrahm darübergiessen. 1–2 Minuten stark kochen lassen, dann den Salbei darüberstreuen, mischen und sofort servieren.

Rahmschnitzel nach Agnes Amberg: Ein exklusives Gericht, das in wenigen Minuten servierbereit ist und das auf der Zunge zerschmilzt.

Zürcher Leberspiesschen, Blattspinat mit Rosinen und Pinien

(für 4 Personen)

*1 Schweinsnetz,
in lauwarmes Wassser eingelegt*

*600 g gehäutete Kalbsleber
in sehr feinen, etwa 4 × 6 cm gross
geschnittenen Scheiben*

1 Bund zarte kleine Salbeiblätter

Salz und schwarzer Pfeffer aus der Mühle

*100 g dünngeschnittene Tranchen
von geräuchertem, magerem Speck*

50 g Kochbutter zum Braten

Blattspinat:

1 kg junger, zarter Spinat

20 g Kochbutter

1 Zwiebel, fein gehackt

1 Msp. Knoblauch, gepresst

1 Prise Muskat, frisch gerieben

Salz und Pfeffer

*50 g Rosinen,
in lauwarmes Wasser eingelegt*

*50 g Pinienkerne, in 10 g Butter
hellbraun geröstet und auf
Küchenkrepp entfettet*

Das Netz aus dem Wasser nehmen, gut ausdrücken und auf einem grossen Brett oder Tisch gleichmässig ausbreiten. Die Leberstücke so auf das Netz legen, dass rundum ein Rand von etwa 4 cm frei bleibt. Die feinen Salbeistiele abknicken. Die Lebertranchen mit Salz und Pfeffer würzen. Je ein kleines Salbeiblatt darauf legen. Die Speckscheiben ohne Knorpel in kochendem Was-

Leberspiesschen

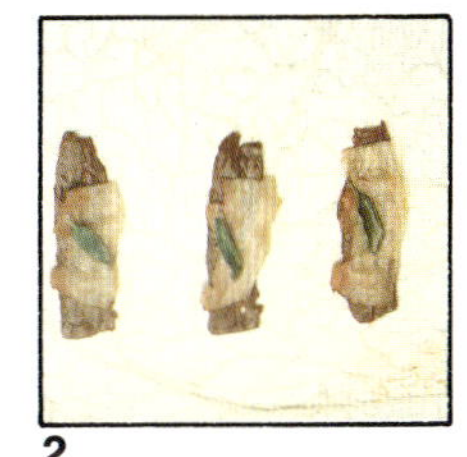

1. Specktranchen (Frühstücksspeck), Salbeiblätter, Kalbsleber am Stück, Schweinsnetz.
2. Das in lauwarmem Wasser eingeweichte Schweinsnetz ausbreiten. Die gehäuteten und gewürzten Kalbsleberscheiben, den Speck und das Salbeiblatt darauflegen.
3. Die Leberspiesschen aufrollen und in Butter braten.

Für Zürcher Leberspiesse werden zarte Kalbslebertranchen mit Speck und Salbei aufgerollt und auf Spinat mit Rosinen und Pinien serviert.

ser kurz überwellen. Auf die Grösse der Lebertranchen zuschneiden. Leber und Salbeiblätter mit Speck decken und jede Tranche so aufrollen, dass das Netz nicht eingewickelt wird, sondern nur die Leber umhüllt. Die Röllchen auf kleine Spiesschen (Küchenhölzchen) stecken und in leicht gebräunter Butter rundum während 2–3 Minuten braten. Mit Folie bedeckt bei 60°C «abstehen» lassen. Unterdessen den Spinat zubereiten.

Den erlesenen und gut gewaschenen Spinat in der Salatschleuder abtropfen lassen. Die Butter mit der Zwiebel und dem Knoblauch erhitzen, den vorbereiteten Spinat beigeben. Zusammenfallen lassen, hie und da wenden und nach 4 Minuten mit Muskat, Salz und Pfeffer würzen. Eingeweichte Rosinen abschütten, zuletzt mit den gerösteten Pinien unter den Spinat ziehen.

Fertigstellung: Den Spinat ohne Saft auf heisse Teller legen, die Leberröllchen daran anstellen.

Piccata auf Risotto

(für 4 Personen)

1 Kalbsfilet (oder Kalbsschlüsselriemen)
Salz, Pfeffer
1 Zweig Origano, fein gehackt
½ El Mehl

2 Eier
50 g Parmesan, frisch gerieben
1 El Rahm
20 g Kochbutter

Fleisch in ½ cm dicke Scheiben schneiden. Mit Salz, Pfeffer und Origano würzen. Im Mehl wenden, etwas abschütteln. Die verklopften Eier mit dem Parmesan mischen. Ziehen lassen, dann mit Rahm zu einem Teiglein verdünnen. Die Butter in einer Bratpfanne zerfliessen lassen. Die Fleischscheiben durch den Käseteig ziehen und während 3–4 Minuten bei mittlerer Hitze beidseitig goldbraun braten. Auf Risotto anrichten.

Piccata Milanese: Zartes Kalbfleisch wird vor dem Braten durch ein Teiglein aus Ei, Parmesan und Rahm gezogen. Auf Risotto anrichten.

Entrecôtes an Burgundersauce mit grünem Pfeffer

(für 4 Personen)

4 Entrecôtes (à ca. 180 g)
Salz und schwarzer Pfeffer aus der Mühle
20 g eingesottene Butter (Butterschmalz)
4 dl guter Rotwein (Burgunder)
2 Schalotten, gehackt
2 dl brauner Kalbsfond
4 Petersilienstiele
4 schwarze Pfefferkörner, zerdrückt
80 g Tafelbutter, schaumig gerührt
3 Tropfen Tabasco
8 Rindsmarkknochen, blanchiert
½ Tl grüne Pfefferkörner, zerdrückt

Den Backofen auf 70 °C vorheizen. Das Fleisch parieren, würzen und in Butter «scharf» anbraten. Für mindestens 30 Minuten in den Ofen legen, nachher evtl. kurz und sehr heiss nachbraten.

Den Wein mit Schalotten, Petersilienstielen und den schwarzen Pfefferkörnern zur Hälfte eindampfen lassen. Den Kalbsfond zugeben und nochmals um ein Drittel eindampfen. Flüssigkeit absieben, dann die kräftige Sauce mit

Butter aufschwenken. Mit Tabasco würzen.

Das heisse Mark in Würfel schneiden und der Sauce im letzten Moment mit dem grünen Pfeffer beigeben.

Das Fleisch aufschneiden und mit der Sauce servieren.

Kalbssteaks mit Artischocken

(für 4 Personen)

4 grosse Artischocken

5 dl Gemüsebouillon

1 dl Doppelrahm

Salz und Pfeffer

2 Tropfen Tabasco

4 Kalbssteaks (à ca. 180 g), mit Fettrand

1 El eingesottene Butter

1 El Olivenöl

Salz und Pfeffer

1 Scheibe Zitrone mit Schale

Bei 2 Artischocken Stiele ausbrechen. In der Hälfte mit gezacktem scharfem Messer quer durchschneiden. Waschen, in die kochende Gemüsebouillon legen und darin während 40–50 Minuten (je nach Grösse) leise sieden lassen. Herausnehmen, Blätter und Streu entfernen und die Kochflüssigkeit auf Bitterstoffe prüfen. Die Flüssigkeit auf 3 dl eindampfen lassen, die beiden Artischockenböden darin pürieren und den Doppelrahm zufügen. Zu sämiger Sauce einkochen lassen, nochmals mit Mixer und Schneidemesser aufrühren. Mit Salz, Pfeffer und Tabasco im letzten Moment würzen.

Die Kalbssteaks würzen, in eingesottener Butter bei mittlerer Hitze beidseitig während 3–4 Minuten braten. Aus der Pfanne nehmen und bei 60 °C min-

Dieses Kalbssteak wird mit einer Sauce aus pürierten Artischocken serviert und mit gebratenen Artischockenstreifen verziert.

destens 30 Minuten im Ofen (ungedeckt) liegenlassen.

Unterdessen die beiden rohen Artischocken entblättern, die Böden sauber ausschneiden und roh in 2 mm dünne Streifen teilen. Das Olivenöl erhitzen, die rohen Artischockenstreifen beidsei-

tig darin 2–3 Minuten braten. Mit Salz und Pfeffer leicht würzen.

Die Steaks auf warme Teller anrichten. Die Sauce mit einer Spur Zitronensaft abschmecken und rundum dazugeben. Die Artischockenstreifen als Garnitur in die Sauce legen.

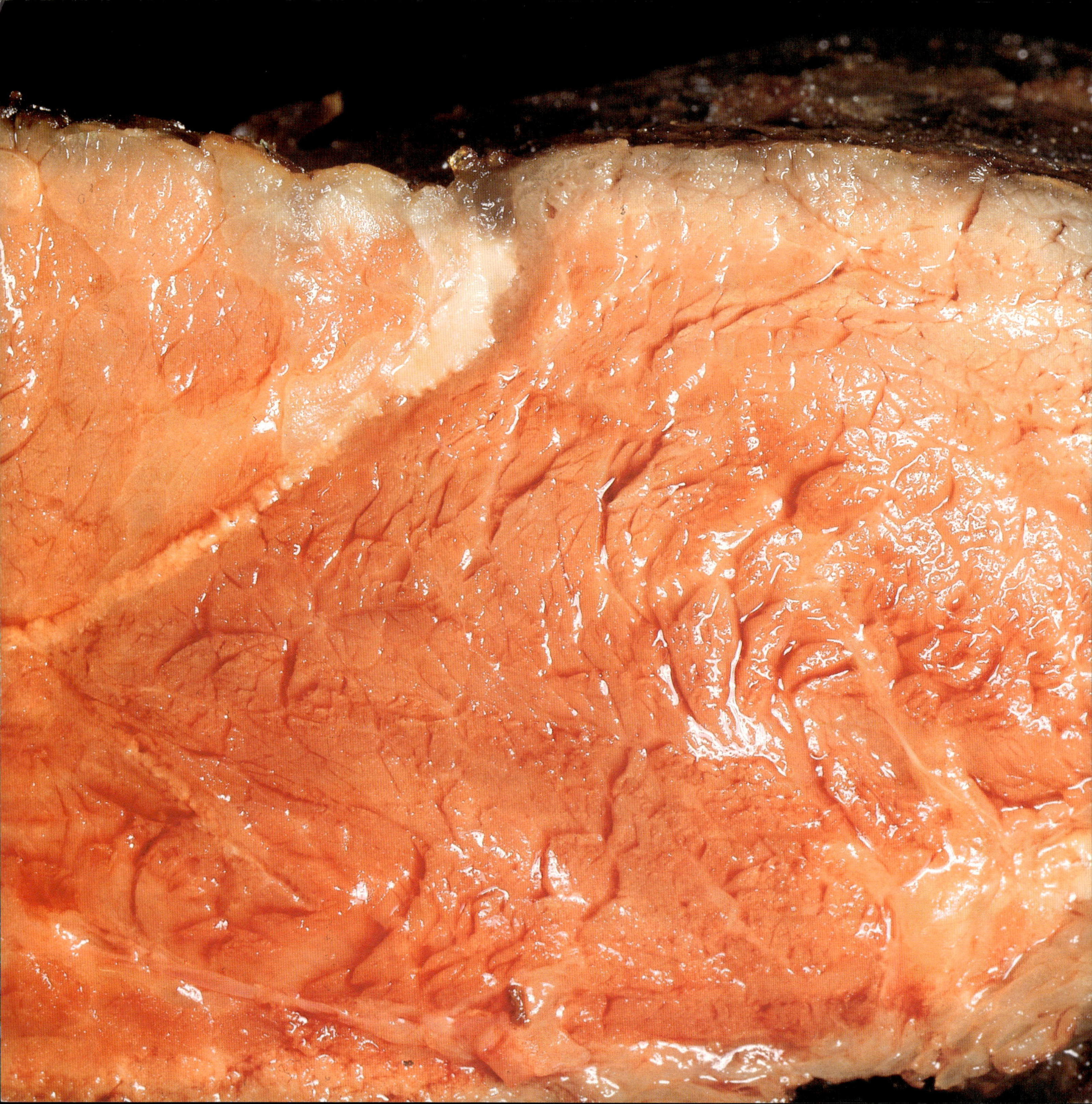

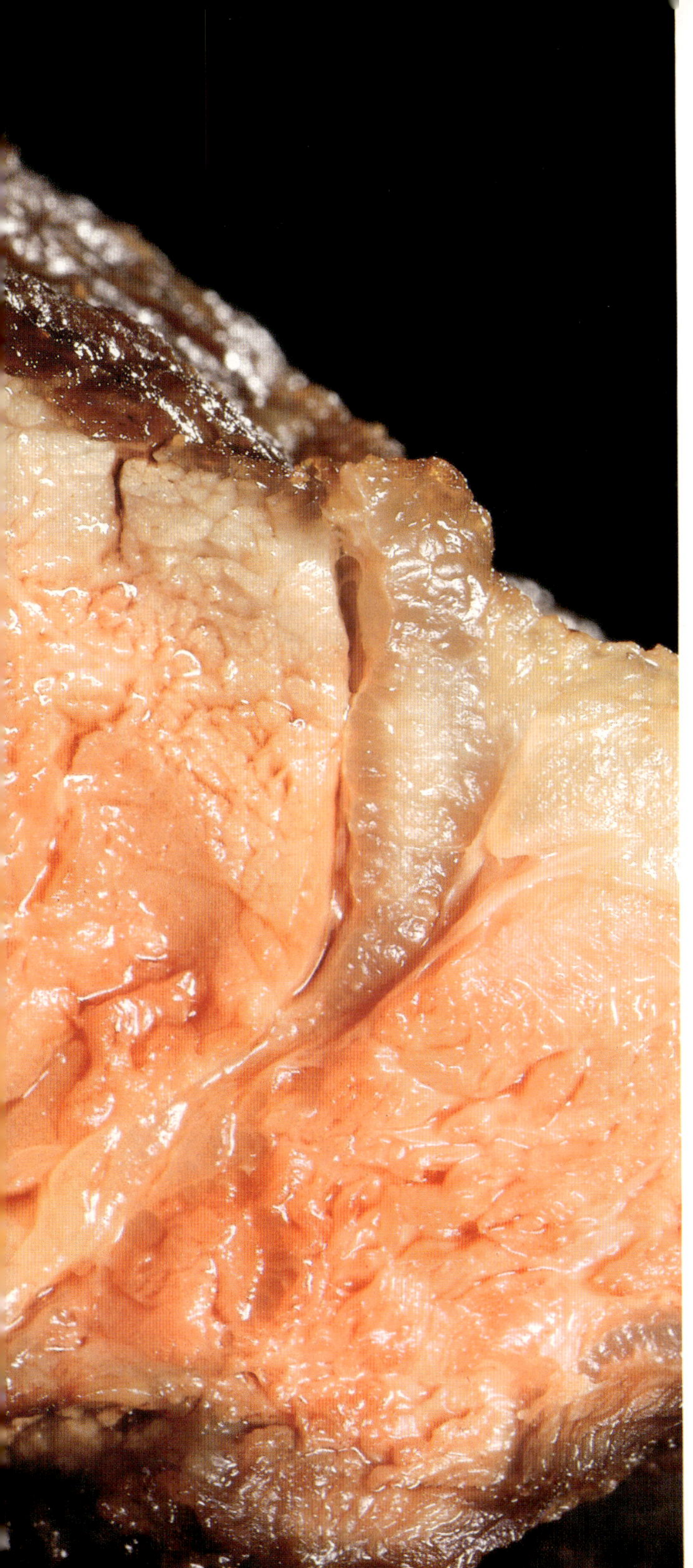

So bleibt alles schön saftig

Zwei Kochmethoden sorgen dafür,
dass grosse Fleischstücke –
etwa der Sonntagsbraten –,
aber auch kräftige
Gemüse nicht austrocknen.

Von allen Kochmethoden, sagte mir neulich eine Kochschülerin, könne sie dem Glasieren am wenigsten abgewinnen. Der glasierte Kalbsbraten, ein wirklich klassisches Gericht, sei jedesmal eine eher trockene Angelegenheit.

Zweifellos, wenn man es falsch anstellt und am Anfang Flüssigkeit zum Fleisch giesst! Denn Glasieren heisst, ohne Flüssigkeitszugabe mit Fettstoffen braten. Wobei das Fleisch laufend mit Fett überzogen wird.

Beim Braisieren darf Flüssigkeit dazukommen: Das Nahrungsmittel – Fleisch, Fisch, Gemüse – wird in wenig Flüssigkeit gelegt; es soll damit aber nur auf der unteren Seite in Berührung kommen, der obere Teil muss frei bleiben. Auf diese Weise wird langsam gegart.

Beim Glasieren wie auch beim Braisieren handelt es sich um klassische Bratmethoden. Wann bedient man sich welcher Kochart?

In der Regel eignet sich leicht fetthaltiges Fleisch besser zum Glasieren. Während des Bratens tritt eigenes Fett mit dem Fleischsaft aus und vermischt sich mit den Fettstoffen, mit denen man begossen hat. Glasieren ist fast ein Braten im eigenen Saft. Glasiert werden – neben strapazierfähigem Fisch – gewisse Fleischstücke wie Schweinshals, Kalbsrücken, auch Entrecôtes, Roastbeef, ganze Poulets; bei den Gemüsen ist der braisierte Lattich klassisch.

Beim Glasieren kommen grössere Fleischstücke in Frage. Da langsam gegart wird, dauert es längere Zeit.

Braisiert und glasiert man auf konventionelle Weise, geschieht es bei Mittelhitze. Aufgrund meiner neueren Erkenntnisse empfehle ich, beim Glasieren erst stark anzubraten und das Fleischstück mit dem Bratfett (z.B.

Lammgigot) dann in den 80 °C Mittelhitze warmen Ofen zu schieben und 3–4 Stunden zu garen. Man kann laufend übergiessen.

Marinaden: herkömmliche und aktuelle

Aus Grossmutters Küche bekannt ist uns die Methode, Wild, Fleisch und Fisch in Milch einzulegen, um sie zarter zu machen und ihnen etwas von ihrem Eigengeschmack zu nehmen. Früher, als die Kühlung noch problematischer war und man oft das Fleisch älterer Tiere genoss, mag die Milchmarinade ihren Sinn gehabt haben. Die Milch entzog dem Fleisch dessen aufdringlichen Geschmack. Heute ist es dank der modernen Kühlsysteme möglich, Fisch zu bekommen, der nicht mehr «fischelet», und Schweinefleisch, das keine «Vorbehandlung» mehr nötig hat.

Vom Zitronensaft ist Ähnliches zu sagen wie von der Milch. Auch er wurde (und wird vielerorts heute noch) dazu verwendet, einen unliebsamen Geschmack zu überdecken. Unsinnig finde ich es, Zitrone für frischen Fisch zu verwenden, denn sie nimmt ihm seinen typischen Geschmack und macht ihn gewissermassen zu einem Neutrum.

Zu den traditionellen Marinaden gehört u.a. die **Salzlake.** Sie dient dazu, Fleisch zu konservieren. Das so eingelegte Fleisch nennt man «gepökelt».

Aktueller sind die **Frischmarinaden.** Die meisten basieren auf Öl (Oliven-, Sonnenblumenöl usw.), das ebenfalls eine konservierende Wirkung hat.

Denn: Bedeckt man Fleisch oder Fisch mit Öl, so kann die Luft weniger gut zutreten, und die Tätigkeit der Bakterien ist gehemmt. Weiter dient das Öl dazu, dem Eingelegten einen gewissen Geschmack zu geben. Man fügt ihm dann je nachdem Kräuter, Senf, Tomaten, exotische Gewürze bei. Ölmarinaden eignen sich beispielsweise gut für Entrecôtes.

Von einer **Beize** ist die Rede, wenn die Einlegeflüssigkeit teilweise aus Essig oder Wein besteht. Hier ist es dann der hohe Säureanteil, der konservierend wirkt. Beize verwendet man meist für Pfeffer wie Rinds-, Gems-, Rehpfeffer.

Für Marinaden sowohl wie für Beizen gilt, dass sie kein Kochsalz enthalten dürfen. Durch die Salzbeigabe wird eine Flüssigkeit gesättigt, und sie zeigt die Tendenz, dem Fleisch den Saft zu entziehen. Bleibt die Flüssigkeit ungesättigt, so können die natürlichen Aromastoffe besser auf das Fleisch einwirken.

Als Gefäss eignet sich, was säureunempfindlich ist: Steingut, Porzellan, Glas, Chromnickelstahl.

Im Unterschied zu den Beizen werden Marinaden stets kalt angesetzt. Man mischt die Zutaten und bedeckt das Fleisch mit Flüssigkeit. Dann schützt man es mit einem Deckel oder mit Folie. Ungefähr einmal pro Tag wendet man es.

Für Expressbeize wird erst – aus Wein und Gemüse – eine Flüssigkeit aufgekocht. Man legt das Fleisch in die heisse Beize und würzt.

Wenn man Fleisch in Expressbeize legt, kann man sich mit 3–4 Tagen begnügen. Die warme Flüssigkeit dringt ein, wirkt jedoch weniger intensiv als die kalte Marinade, da sich die

Fleischporen durch die Hitze geschlossen haben. Verwenden wir eine kalte Marinade, so müssen wir mit mindestens einer Woche Einlegezeit rechnen. Sie dringt langsamer, doch intensiver ein und ist die schonungsvollere Methode.

Bevor man das eingelegte Fleisch verwendet, hat man es erst sorgfältig mit Küchenpapier abzutupfen. Es muss trocken sein, wenn es anbrät, denn sonst zieht es Wasser.

Das Gemüse aus der Marinade lässt sich nicht mehr verwenden. Übrigens empfehle ich, es kleinzuschneiden, da es so mehr Geschmack abgibt.

Würzen: Wann und womit?

Ob sie nun konventionell gebraten oder bei 80 °C gegart werden: Die grossen Fleischstücke würzt man immer vorher. In beiden Fällen kann man sie auch in eine Marinade legen. Wichtig ist: Die Würze muss in das Fleisch eindringen.

Von kleingeschnittenem Fleisch – auch Fisch und Gemüse – heisst es, es sei nachher zu würzen, weil auf diese Weise verhindert werde, dass es «safte». Ich habe da eine andere Erfahrung gemacht: Würzt man, nachdem sich die Poren beim Anbraten des Fleisches geschlossen haben, so bleibt das Salz an der Oberfläche haften. Man spürt es später beim Genuss. Aus diesem Grunde würze ich Kleingeschnittenes unmittelbar vor dem Garen, so dass das Salz zwar noch eindringen kann, aber nicht dazu führt, dass das Fleisch Wasser abgibt.

Gewürzt wird auf die klassische Art mit **Pfeffer und Salz.** Den Pfeffer mahle ich stets frisch mit der Pfeffer-

So entsteht ein dunkler Kalbsfond

1. Die Kalbsknochen in der Braisière bei guter Hitze, wenn möglich im Backofen, rundum braun anrösten.
2. Gemüse (ohne Lauch), Kräuter und Gewürze zugeben und einen Moment mitrösten.
3. Lauch beigeben und mit Wasser ablöschen. 3–5 Stunden im Ofen einkochen (ziehen) lassen.

mühle. Der fertig gemahlene Pfeffer hat den Nachteil, dass sich seine ätherischen Öle verflüchtigen. Ich ziehe den milderen schwarzen Pfeffer dem weissen vor; die «Pünktchen» stören mich nicht.

Beim Salz gebe ich dem Meersalz den Vorzug, das ich im Mörser zerstosse; es gibt auch spezielle Mühlen für Meersalz. Meersalz ist vom Geschmack her feiner, und es fördert den Eigengeschmack der Speisen.

Salz ist ein Basisgewürz, das man kaum entbehren kann. Beispiel: Ungesalzener Fisch hat meist einen sehr eigenartigen Geschmack.

Da Salz bekanntlich Wasser zieht, sollte man Nahrungsmittel, die gesalzen werden, nicht liegenlassen. Deshalb darf auch in einer Marinade kein Salz enthalten sein.

Fond: Hausgemacht

Glasierte Fleischstücke werden, serviert man sie auf die klassische Manier, mit dem eigenen Saft aufgetischt. Jus, der während des Bratens entsteht, ist fetthaltig und es bleibt wenig zurück. Jus heisst: eine Mischung aus Fleischsaft und Fett.

Um genügend Sauce zu erhalten, muss man weitere Flüssigkeit zufügen. Dies ist vor allem bei Kalbsbraten der Fall, der gern austrocknet.

Im Alltag und bei kleinen Fleischportionen wird man sich mit industriellen Produkten (klare Bratensauce) behelfen. So geht man vor: Man entfettet den Bratsatz in der Braisière oder im Brattopf mit Küchenpapier und löscht mit Rot- oder Weisswein ab. Dann gibt man den aufgelösten Würfel «klare Sauce» bei und lässt einkochen. Schliesslich schmeckt man mit Butter ab.

Ich persönlich bevorzuge hausgemachten **Kalbsfond.** Denn allgemein ist zu sagen, dass jede Sauce, die einen besonderen Charakter haben soll, auf einer Grundflüssigkeit, auf einem Fond, basiert. Dieser enthält viel vom Eigengeschmack des entsprechenden Fleisches, denn er wird – zusammen mit Gemüsen und Kräutern – stets aus dessen Knochen und Abschnitten hergestellt. Das gilt auch für Lamm-, Wild- und Geflügelfond.

In der kleinen Alltagsküche ist die Zubereitung von Fonds aufwendig. Sie lohnt sich aber, sobald man grössere Mengen gebraucht oder den Fond portionenweise öfter verwenden kann. Er lässt sich dann in den entsprechenden Quantitäten tiefkühlen.

Haben Sie Zeit und Lust, es einmal mit einem selbstgemachten Fond zu versuchen? Und sind Sie nicht enttäuscht, wenn sich die ursprünglich 5 Liter Flüssigkeit am Schluss auf ½ Liter reduzieren?

Voraussetzung jedoch ist, dass man über das nötige Geschirr – einen Bräter – verfügt und die Möglichkeit hat, sich die Zutaten – vor allem die Fleischabschnitte – beim Metzger zu beschaffen. Diese Zutaten müssen frisch sein, und es darf sich nicht um Abfälle handeln.

Für **braunen Kalbsfond** braten Sie die Knochen gut an und geben die frischen Gemüse und gewisse Gewürze dazu (siehe Rezept). Sie füllen mit Wasser oder hellem Kalbsfond bzw. Bouillon auf und lassen im Backofen stundenlang simmern, bis die Flüssigkeit auf ½ Liter eingedampft ist. Dann sieben Sie ab.

Ein «Glace de viande» erhalten Sie, wenn Sie die 5 dl noch weiter eindampfen lassen (zusammen mit den Fleischabschnitten). Es ergibt sich eine Art hausgemachter **Fleischextrakt,** der sich im Kühlschrank gut aufbewahren und bei der Verwendung mit Wasser verdünnen lässt.

Wichtig ist: Falls man für die Fondzubereitung Lauch verwendet, darf man ihn nicht mit anbraten, da er sonst bitter wird. Man gibt ihn erst nach dem Ablöschen zu.

«Demi-glace», gebundenen Kalbsfond, erhält man, wenn man Mehl beigibt. Die «Demi-glace» steht in einem schlechten Ruf, da sie im Gastgewerbe oft missbraucht wird: Man begiesst wahllos Fleischgerichte damit, so dass alle denselben Geschmack bekommen. Dennoch hat abgebundene braune Sauce durchwegs eine Daseinsberechtigung. Für rustikale Gerichte wie beispielsweise Schmorbraten ist sie unerlässlich.

Brauner Kalbsfond
(ergibt ½ Liter)

3 l Wasser
2 kg Kalbsknochen
2 El eingesottene Butter
500 g Tomaten
1 Zweig Rosmarin
1 Lorbeerblatt
3 dl Rotwein oder Madeira
5 l heller kräftiger Kalbsfond (oder Bouillon oder Wasser)

Den Backofen auf 200 °C Mittelhitze vorheizen. Das Wasser aufkochen, die abgespülten Knochen beigeben und darin blanchieren. Abschütten.

Die Butter in genügend grossem Bräter erhitzen, die Knochen beigeben.

Den Bräter auf unterster Rille in den heissen Backofen schieben und die Knochen rundum braun braten. Das dauert 40 bis 50 Minuten. Hie und da mit Bratschaufel wenden.

Die Tomaten in Viertel schneiden, Rosmarin, Lorbeerblatt, Rotwein oder Madeira zufügen und mit hellem Kalbsfond auffüllen. Die Knochen sollen vollständig bedeckt sein. 3 bis 5 Stunden ziehen bzw. eindampfen lassen. Absieben.

Demi-glace

Für die Grundsauce wird brauner Kalbsfond mit etwas geröstetem Mehl abgebunden. Die Sauce soll etwa 20 Minuten kochen, damit das Mehl aufquellen und so leicht binden kann.

Heller Kalbsfond

5 l Wasser
2 kg Kalbsknochen
1 Kalbsfüsschen, gehackt
500 g Kalbfleischabschnitte (von pariertem Fleisch)*
3 l kräftiger Gemüsefond

Das Wasser aufkochen, die abgespülten Kalbsfüsschen beigeben und während 5 Minuten überwellen. Abschütten. Knochen und Kalbfleischabschnitte mit Gemüsefond aufsetzen und während 2–3 Stunden ziehen lassen. Absieben.

Oder: Anstelle von Gemüsefond alle erforderlichen Gemüse beigeben und mitkochen.

*Pariertes Fleisch sind Häute, Sehnen, Fett-, Fleischteile, Fleischstränge usw., die bei zarten Fleischstücken vor der Zubereitung weggeschnitten werden.

Schweinshals vor dem Braisieren
mit Kräutern und Knoblauch spicken.

Braisierter Schweinsbraten, mit Kräutern gefüllt
(für 4 bis 6 Personen)

4 Bund Petersilie
10 Salbeiblätter
1 El Rosmarinnadeln
2 El Basilikum, grob gehackt
3 frische Lorbeerblätter
4 Knoblauchzehen, gepresst
1 gestr. El Salz
10 Tropfen Tabasco
1,5 kg Schweinshals
1 l Fleischbouillon, hausgemacht
½ dl Olivenöl

Petersilie und Rosmarin, Salbei und Basilikum, Lorbeer und Knoblauch —
eine Mischung aus diesen Kräutern gibt dem Schweinshals die Würze.

Alle Gewürze hacken und mit Salz und Tabasco mischen. Zahlreiche feine, tiefe Einschnitte ins Fleisch machen, diese mit dem Finger öffnen und mit den gehackten Kräutern stopfen. Das Fleisch satt zubinden. Den Backofen auf 200 °C Mittelhitze vorheizen. Das Fleisch in eine tiefe Pfanne legen, mit Bouillon übergiessen und ohne Deckel während 1 Stunde schmoren lassen, bis die Flüssigkeit zur Hälfte reduziert ist. Den Ofen auf 80 °C Mittelhitze stellen und das Fleisch bei dieser Temperatur 1 Stunde weitergaren. Dann mit Öl bestreichen und allseitig weitere 10 Minuten bei 250 °C braun und knusprig werden lassen. In Scheiben schneiden und kalt oder warm mit verschiedenen Salaten servieren.

Gemüsefond
(ergibt 1 Liter)

1 El Butter
5–6 Petersilienstengel
1 Rüebli
¼ Sellerieknolle
1 kleiner Lauch
1 Lorbeerblatt
1 Nelke
5 zerdrückte Pfefferkörner
1 Zwiebel mit Schale
2 Wirsing- oder Weisskohlblätter
100 g Champignons, frisch und grob gehackt
2 Kalbsknochen (gibt kräftigen Geschmack)
2 l kaltes Wasser

Die Butter erhitzen. Alle Gemüse zurüsten und grob schneiden. Alle Zutaten in der heissen Butter anrösten. Für hellen Fond nur kurz, für dunklere Grundbrühe so lange, bis sich die Farbe ändert.

Natürlich können diese Zutaten auch einfach im kalten Wasser angesetzt werden. Der Geschmack wird aber kräftiger, wenn man sie mit Fettstoffen erhitzt.

Das Wasser dazugiessen und möglichst lange ziehen lassen. Die Gemüse absieben, gut ausdrücken und die Bouillon nach Belieben nochmals reduzieren, d. h. eindampfen. Als Basis für feine Gemüsesaucen verwenden.

Nicht reduziert, kann die Flüssigkeit gewürzt auch als heisse Gemüsebrühe serviert werden.

Übrigens: Je nach Gericht, zu welchem die Sauce verwendet wird, würde ich von dem betreffenden Gemüse etwas mehr beigeben, damit der Geschmack bereits im Fond ganz leicht überwiegt.

Besonders gehaltvoll wird der Fond, wenn das Gemüse zuerst im Dampfkochtopf unter Druck ausgelaugt wird.

Am Anfang nur die halbe Wassermenge dazugiessen. Nach 5 Minuten den Topf öffnen, das restliche Wasser zuschütten und den Fond ohne Deckel weiter ziehen lassen, bis eine konzentrierte Flüssigkeit entsteht.

Lammfond
(ergibt 5 dl)

3 kg Lammknochen, zerhackt
Fleischabschnitte, möglichst ohne Fett
3 El Olivenöl
1 grosse Zwiebel mit Schale
3 Rüebli, klein geschnitten
½ Knollensellerie mit Schale, gewürfelt
1 Knoblauchzehe mit Schale, längs halbiert und Keimling ausgelöst
1 Zweig Thymian
1 kleines Lorbeerblatt
1 Nelke
2 Lauche, geputzt und in kleine Stücke geschnitten
6 getrocknete Steinpilze, in lauwarmes Wasser eingelegt
1 Tomate, geviertelt
1 dl roter Porto (Portwein)
1 dl guter Rotwein

Den Backofen auf 250 °C vorheizen.

Die Lammknochen und Fleischabschnitte im heissen Olivenöl kräftig anbraten. Die halbierte Zwiebel, Rüebli, Sellerie, Knoblauch, Thymian, Lorbeerblatt und Nelke beigeben. 10 Minuten anrösten.

Lauch sowie Steinpilze mit Einlegewasser und sowie die Tomate zufügen.

Mit Porto und Rotwein ablöschen. Einkochen lassen, bis der grösste Teil der Flüssigkeit verdampft ist. Mit so viel Wasser auffüllen, bis alles grosszügig bedeckt ist.

Im Backofen in 3 bis 4 Stunden langsam reduzieren, bis etwa 5 dl kräftiger Fond übrigbleiben. Zwischendurch Wasser nachgiessen, damit die Knochen und das Gemüse vollständig ausgelaugt werden.

Absieben, alles gut ausdrücken, damit nichts von dem kostbaren Fond verlorengeht. Ganz auskühlen lassen und entfetten.

Sauce aus wirklich gutem Fond muss oftmals nicht mit Salz gewürzt werden, da die Grundflüssigkeit genügend kräftig ist. Perfekter Fond hat «schwerflüssig» zu sein.

Glasierter Gigot mit Rosmarin
(für 6 bis 8 Personen)

1 Gigot (1,8–2,2 kg)
Salz, Pfeffer aus der Mühle
1 Tl Senf
1 gestrichener Tl Paprikapulver
4 El Olivenöl für Marinade
1 Zweig Rosmarin, Nadeln abgestreift und fein gehackt
2 El Olivenöl, zum Braten

Den Gigot häuten, Salz, Pfeffer, Paprikapulver, Senf und Olivenöl mischen. Den Rosmarin beigeben. Den Gigot damit 2–3 Stunden marinieren.

Das Bratöl erhitzen und das marinierte Fleisch rundum bei mittlerer Hitze anbraten, bis sich eine goldbraune Kruste bildet.

Aus dem Bratgeschirr nehmen, das Bratfett abgiessen und den Gigot in den auf 120 °C vorgeheizten Ofen aufs Backgitter legen. Sofort auf 80 °C schalten. Den Gigot 3 Stunden liegenlassen, von Zeit zu Zeit Fett übergiessen. Rosmarinkartoffeln dazu servieren.

Nach Belieben kann aus Lammfond, feingehacktem Rosmarin und Butter eine Sauce aufgeschwenkt werden. Mit 3 Tropfen Tabasco vorsichtig würzen.

Rosmarinkartoffeln
(für 4 Personen)

---
4 grosse Kartoffeln, geschält
---
50 g Kochbutter
---
*1 Zweig Rosmarin, Nadeln abgestreift
und ganz fein gehackt*

Salz und Pfeffer aus der Mühle

Die geschälten Kartoffeln in ganz feine Scheiben teilen, kränzchenartig in die warme Butter legen. Etwas Rosmarin daraufstreuen und ein zweites Kartoffelkränzchen darauflegen. Mit Salz und Pfeffer würzen, Deckel auflegen und bei mässiger Hitze langsam backen. Einmal umdrehen, auf der anderen Seite ebenfalls goldbraun werden lassen.

Braisierter Lattich
(für 4 Personen)

---
800 g Lattich
---
2 l Salzwasser
---
30 g Butter
---
1 Zwiebel
---
1 Suppenlauch
---
1 kleines Stück Sellerie
---
1 Rüebli
---
10 Pfefferkörner, zerdrückt

Salz

Pfeffer aus der Mühle
---
1 Prise Muskat
---
5 Tropfen Tabasco
---
100 g Specktranchen

2–3 dl Bouillon

Den Lattich zurüsten, oben einschneiden und gut waschen. Im kochenden Salzwasser 3–4 Minuten blanchieren. Auf einem Sieb abtropfen lassen und abkühlen. In einem Bratgeschirr Butter, Zwiebel, Lauch, Sellerie, Rüebli, Speckschwarte und Pfefferkörner an-

dämpfen. Den Lattich halbieren und auf einem Küchentuch nebeneinander ausbreiten. Mit Salz, Pfeffer, Muskatnuss und Tabasco würzen. Nachher einen Drittel der Blätter zur Mitte einschlagen und dann die Stengelseite darüberlegen. Gut andrücken, dann in 3–4 cm breite Streifen schneiden. Diese mit je einer Specktranche umwickeln und auf die angedämpften Gemüse in die Braisière legen. Die Bouillon zufügen und mit Folie decken. Im Ofen bei 200 °C etwa 20–25 Minuten dämpfen.

Glasierte Rüebli à la Vichy
(für 4 Personen)

---
800 g Rüebli
---
*5 dl Vichy-Wasser
(oder anderes Mineralwasser)*
---
1 gestrichener Tl Salz
---
30 g Butter
---
1 Büschel Petersilie, fein gehackt

½ Tl Zucker

Die Rüebli schälen und in 2 mm dünne Scheiben schneiden. Das Vichy-Wasser aufkochen und leicht salzen. Die Rüebli beigeben und darin knapp gar werden lassen. Das Wasser weggiessen, Butter und Zucker zufügen. Die Rüebli zudecken und bei geringer Hitze knapp weich werden lassen. Mit Petersilie bestreut servieren.

Glasiertes Poulet
(für 4 Personen)

---
1 Poulet (ca. 1,5 kg)
---
wenig Salz
---
5 Tropfen Tabasco

Paprikapulver
---
wenig Origano, Majoran, Thymian
---
1 Bund Petersilie, fein gehackt
---
50 g eingesottene Butter

Den Backofen auf 200 °C Mittelhitze vorheizen. Das Poulet inwendig säubern. Mit Salz, Tabasco, Paprikapulver und den verschiedenen Kräutern in- und auswendig würzen. Die Gewürze gut einreiben. Das Poulet auf ein Backblech legen und mit der heissen Butter übergiessen. 20 Minuten knusprig braten, von Zeit zu Zeit immer wieder begiessen. Nach 20 Minuten auf 80 °C Mittelhitze stellen und 1 Stunde liegenlassen.

Glasierte Kalbshaxe in Nebbiolo
(für 6 8 Personen)

---
1 ganze Kalbshaxe
---
3 El Olivenöl
---
3 Zwiebeln, grob geschnitten
---
2 Knoblauchzehen, grob geschnitten
---
2 Rüebli, in Würfel geschnitten
---
50 g Sellerie, in Würfel geschnitten

½ l Nebbiolo (ital. Rotwein)
---
1 Tomate, geschält
---
1 Lorbeerblatt
---
1 Nelke

½ l Fleischbrühe, entfettet

Salz und Pfeffer

Die Haxe rundum in Olivenöl anbraten. Gemüse kurz mitrösten, überflüssiges Öl abgiessen.

Mit Nebbiolo ablöschen, auf ⅓ eindampfen lassen, Tomate, Lorbeerblatt, Nelke und Fleischbrühe beigeben und bei 180 °C zugedeckt weich glasieren. Von Zeit zu Zeit mit Fond übergiessen. Die Haxe ist fertig, sobald sich das Fleisch leicht vom Knochen lösen lässt. Das Fleisch warm stellen und die Sauce abpassieren. Würzen.

Das Fleisch tranchieren und mit der Sauce übergiessen.

Das Gradgeheimnis und seine Geschichte

«…dann wird der rundum kräftig angebratene Gigot in den 80 °C Mittelhitze warmen Backofen geschoben und während 2–3 Stunden bei dieser Temperatur saignant (2–3 Stunden) bis à point (4 Stunden) gegart.»

Die Küchenchefs, die an einem Fachseminar in meiner Kochschule teilnahmen, dachten erst an einen Hörfehler. Sicher sollte es 180 °C zum Braten heissen, zusätzlich Absteh- bzw. Ruhezeit. Selbst als ich meine seit längerer Zeit praktizierte Methode erklärte, fehlte ihnen der Glaube.

Es ist nicht leicht, an klassischen Regeln und Gewohnheiten zu rütteln, auch wenn man sich heutzutage hin und wieder fragen sollte: Muss das in der Küche noch so sein? Zugegeben: Auch ich hätte die herkömmliche Methode des Fleischgarens nicht in Frage gestellt, wäre mir nicht der Zufall zu Hilfe gekommen.

In der Küche meines Restaurants wurde ein Lammgigot angebraten, und die Gäste meldeten verspätete Ankunft. Um ihn nicht ganz abkühlen zu lassen, schob ich ihn – unbewusst gestützt auf die altenglische Langzeitwirkung des Roastbeefs – in den 80 °C warmen Ofen. Zwei Stunden später wollte ich die Hitze hochstellen, um das Fleisch fertig zu braten. Überrascht stellte ich seine butterzarte Qualität und den perfekten Garpunkt fest. Diese Feststellung liess mir keine Ruhe: Ich diskutierte und testete während sechs Monaten, immer wieder, oftmals mit Fachleuten, auch mit Wissenschaftern.

Beim heissen Anbraten schliessen sich die Poren des Fleisches. Durch den Hitzeschock zieht sich der Fleischsaft ins Innere des Fleischstücks zurück. Lässt man das Fleisch anschliessend stehen, so kann es sich entspannen. Der Saft zirkuliert im ganzen Stück und verteilt sich in allen Zellen gleichmässig. Je länger dies geschieht, um so besser. Das Fleisch gart leicht weiter. Voraussetzung jedoch ist, dass die Ofentemperatur unter 90 °C und über 56 °C liegt, der Temperatur, bei der Eiweiss langsam zu gerinnen beginnt.

Die Feststellung liess mich Hunderte von Malen mit Fleischstücken anderer Sorte, Qualität und Menge experimentieren, denn jedes reagiert ein bisschen anders. Ein Beispiel: Ein Rindsfiletstück (Kopfteil) von 900 g war nach einer Stunde stark saignant, nach zwei Stunden normal saignant und nach drei Stunden perfekt à point. Ich begann, Erfahrungen zu sammeln, und bin immer noch dran.

Die Methode der 80 °C habe ich inzwischen mit grossem Erfolg bei allen Fleischstücken, die nicht durchgebraten werden, viele Male angewandt. Die 80 °C sind fast so etwas wie eine Garantie für perfektes Braten geworden. Und das für Fleischstücke, die kostbar sind und bei denen es oft schwierig ist, den richtigen Garpunkt zu erwischen.

Im Privathaushalt kann man nach dieser Methode das Fleisch in den Ofen schieben und vergessen – ob es eine halbe Stunde länger oder weniger lang im Ofen ist, spielt keine Rolle. In der Restaurantküche ist es möglich, die Aufmerksamkeit, die man sonst im letzten Moment dem Fleisch widmen muss, der Sauce zugute kommen zu lassen.

Kleinere Stücke wie z. B. Entenbrüste, Steaks, Entrecôtes, Filets werden «scharf», das heisst bei hoher Hitze minutenschnell angebraten und nach gleicher Methode mindestens 40 Minuten in den Ofen gelegt. Ich rate dringend davon ab, das Fleisch in Folie zu packen, da sich sonst die Temperatur staut. Ein spezielles Kochgeschirr ist nicht nötig.

Voraussetzung für diese Methode ist allerdings, dass die Temperatur des Backofens genau stimmt!

Nichts kann schiefgehen…

1. Den Backofen 10 Minuten auf 120 °C vorheizen.

2. Das Fleisch wie gewohnt würzen und anbraten. Soll ein Fleisch «à point» (rosa) sein, wird es etwas länger angebraten, als wenn es saignant auf den Tisch kommt.

3. Den Backofen auf 80 °C stellen. Das angebratene Fleisch aufs Backofengitter (mit Tropfschale auf den Boden) legen und 2–3 Stunden bei immer gleicher Temperatur weitergaren.

Eine Rehkeule, die ich vier Stunden dem Ofen überliess, war gut à point und butterzart. Die Dauer hängt natürlich von der Form, der Art und dem Gewicht des Fleischstücks ab. Gigots, Kalbsrücken, Rehkeulen, ganze Enten, Roastbeefstücke, Entrecôtes, ganze Rindsfilets müssen mehr als eine Stunde liegen.

4. Kleine Fleischstücke wie Entenbrüste, Pouletbrüste, Perlhuhnbrüste, Fasan, Kotelette, Steaks, Entrecôtes usw. brauchen nach kurzem und heissem Anbraten mindestens 40 Minuten, sind aber auch nach einer Stunde butterzart. Die Temperatur darf etwas tiefer liegen, ideal bei 70 °C. So spielen ein paar Minuten mehr oder weniger keine Rolle.

5. Wie bei keiner anderen Methode entsteht beim Aufschneiden praktisch **kein Saftverlust.** Die Garung (z. B. saignant) ist durch und durch gleichmässig, da aufgrund des Ruhenlassens der Fleischsaft auch in die äussersten Fleischschichten zurückfliesst.

6. Die Backofentüre soll – um Temperaturschwankungen zu vermeiden – während der ganzen Garzeit möglichst geschlossen bleiben.

Glasierter Kalbsrücken
(für 8 bis 12 Personen)

Ein Kalbsrücken, auch ein Kalbscarrée (Selle de veau oder Carrée de veau) eignet sich nur für viele Leute. Das Fleisch darf niemals durchgebraten sein, sonst wird es trocken. Es muss rosa auf den Tisch kommen.

1 Kalbsrücken (ca. 3,5 kg)
2 El Gewürzmischung aus Salz, Pfeffer und etwas Paprikapulver
10 Tropfen Tabasco
100 g eingesottene Butter
4 Rüebli
1 Knollensellerie
2 besteckte Zwiebeln
2 dl Weisswein
2 dl brauner Kalbsfond

Das Fleisch parieren, das heisst Häute und Sehnen weglösen und mit Gewürzmischung und Tabasco einreiben. Den Backofen auf 250 °C vorheizen. Die Butter erhitzen und das Fleisch damit übergiessen. Auf unterster Rille in den Ofen schieben. 40 Minuten bei dieser Temperatur braten, dabei öfters mit Butter überziehen. Nach dieser Zeit den Backofen auf 80 °C Mittelhitze stellen.

Ein Kalbsrücken ist ein festliches Gericht für eine grosse Tafelrunde — und richtig zubereitet wird das Fleisch auch nicht trocken.

Das Gemüse zugerüstet und grobgeschnitten dazulegen. Alles zirka 3 Stunden bei 80 °C liegenlassen. Nach dieser Zeit das Fleisch und das Gemüse vom Backblech nehmen und warm stellen. Den Bratensatz mit Wein lösen, einkochen und in ein Pfännchen absieben. Kurz einkochen lassen, dann Kalbsfond dazugeben und die Sauce wieder kurz einkochen. Absieben, mit Butter aufschwenken und nach Geschmack mit Salz und Pfeffer nachwürzen.

Rustikale Gerichte raffiniert gekocht

Mehl, Zucker und Flüssigkeit
sind stets mit
im Spiel bei diesen
rustikalen Klassikern
aus Grossmutters Küchenschatz.

Schmoren führt unweigerlich zur Assoziation «Schmorbraten», doch möchte ich Ihnen diese Kochmethode erst mit einer Spezialität schmackhaft machen, die in zweifacher Hinsicht eine burgundische ist: Mit dem originalen Coq au vin. Denn nicht nur der Wein stammt aus der Bourgogne, sondern es sind auch die Hähnchen. Es handelt sich um eine besondere Zucht, die Tiere werden mit Mais ernährt und geniessen viel Auslauf.

Da es beim Coq au vin um ein rustikales Gericht geht, wird der Hahn nicht in feine Teile zerlegt, sondern man kocht alles: das in grössere Stücke zertrennte Fleisch mitsamt den Knochen. Denn jedes Fleisch, das an den Knochen garen darf, ist saftiger.

Kulinarische Spitze ist der Burgunderhahn, wenn für seine Zubereitung kostbarer Chambertin verwendet wurde. Allerdings schmeckt er auch mit einer weniger noblen (und teuren) Marke vorzüglich, vorausgesetzt, es handelt sich um einen vollen, fruchtigen Wein. Nicht geeignet sind beispielsweise Schweizer Landweine. Der Hahn muss mindestens 24 Stunden in der Weinmarinade liegen; dann tupfen wir ihn ab, würzen, drehen ihn ganz leicht in Mehl und braten an. Schliesslich wird mit Cognac flambiert.

Durch das Bemehlen des Fleisches entsteht eine gebundene Flüssigkeit. Genau das heisst Schmoren: Fleisch in viel leicht gebundener Flüssigkeit bei tiefer Temperatur (ca. 160 °C) langsam im geschlossenen Topf garen. Dabei verdunstet die Flüssigkeit, und die Sauce bindet. Dasselbe geschieht, wenn man etwas Mehl beigibt.

Mit anderen Worten: **Beim Schmoren ist irgendwann Mehl im Spiel.** Entweder indem man bemehlt, oder indem man Mehl anröstet wie für eine Mehlsuppe, dann mit einer Flüssigkeit (Wein, Bouillon) ablöscht und 10 Minuten kochen lässt, bis das Mehl aufquillt und bindet.

Und nun zum berühmtesten Schmorgericht, dem **Schmorbraten.** Er besteht aus Rindfleisch (z.B. vom Laffenstück) und wird mit Vorteil in einer grösseren Menge (ca. 3 Kilo) zubereitet. Denn beim Schmoren verliert der Braten beträchtlich an Umfang. Was übrigbleiben sollte, kann man problemlos aufwärmen; im Ofen bei tiefer Temperatur (80 °C); dabei muss das Fleisch immer in der Sauce liegen.

Schmorgerichte liegen preislich nicht an der oberen Grenze, da dafür auch «gewöhnlichere» Fleischstücke verwendet werden können, Fleisch, das nicht gelagert sein muss für **Ragoût, Gulasch, Voressen** usw. Dafür hat es entsprechend lange Garzeiten.

Zur Abwechslung können es auch einmal weniger übliche Stücke sein wie **Ochsenschwanz.** Allerdings muss man ihn vorbestellen: gleichmässig grosse Stücke vom hinteren Teil des Schwanzes. Sie werden gewürzt, angebraten, in der gebundenen Sauce zusammen mit Gemüse rund 2 Stunden zugedeckt geschmort. Ähnlich geht man mit den **Kalbshaxen** vor. Sie werden bei relativ tiefer Temperatur langsam geschmort, bis das Fleisch vom Knochen fällt.

Die Flüssigkeit der Schmorgerichte besteht in der Regel aus braunem Fond (Demi-glace, die ich im voranstehenden Kapitel erklärt habe). Sie wird mit Mehl gebunden, abgelöscht mit Rot- oder Weisswein (beim Coq au Riesling), ergänzt mit Bouillon und enthält Gemüse. Wird das Fleisch bemehlt, ist es nicht nötig, weiteres Mehl zuzufügen.

Als Gefäss eignet sich ein Bräter, der Römertopf, eine hohe Email-Kasserolle. Man kann das Gericht auf dem Herd oder im Ofen schmoren, wobei der Ofen den Vorteil der gleichmässigen «Rundumhitze» hat. Schmort man auf dem Herd, so muss man das Gericht gelegentlich bewegen. Den Ofen wärmen wir erst auf 220 °C vor und schalten dann auf 150–180 °C herunter.

Die Kochzeit richtet sich nach der Art des Fleisches und nach der Grösse des Stücks. Bei einem Schmorbraten muss man mit 3 Stunden rechnen, bei Coq au vin oder einem Rehpfeffer mit etwa 50 Minuten. Das Fleisch wird stets vorher gewürzt mit Pfeffer, Salz, eventuell einer Spur Paprika und Tabasco. Die Sauce schmeckt man erst am Schluss ab, da während des Schmorens ein Teil des würzigen Saftes in die Sauce übergeht.

Mit Bauchspeck gespickter Braten hat den Vorzug, dass er weniger austrocknet, denn der Speck hält das Fleisch feucht.

Kleingeschnittenes geschmort

Nicht nur grosse Fleischstücke werden geschmort, auch eine ganze Reihe von kleingeschnittenem Fleisch findet sich in dieser Kategorie. Dazu gehören die braunen Ragoûts, die verschiedenen Arten von Gulasch, Wildgerichte, auch Eintöpfe wie Irish Stew. Gewürzt werden diese Fleischstücke wie die grossen, auf die gleiche Weise bemehlt und rundum angebraten. Schliesslich gart man sie in viel Flüssigkeit.

Garzeiten sind unterschiedlich und richten sich nach der Art des Fleisches und/oder nach den Zutaten. Vorsicht geboten ist bei hohen Temperaturen, ich rate zu einem leichten Köcheln. Schmort man Beilagen mit, so sollte man sich erst deren Garzeit überlegen. Man kann sie von Anfang an mitkochen und, wenn sie gar sind, herausnehmen oder erst später zufügen.

Eine andere Kochmethode als bei den geschmorten braunen ist bei den **weissen Ragoûts** im Spiel. Bei Lammragoût an weisser Sauce oder weissem Voressen, beispielsweise, wird das Fleisch nicht angebraten, sondern pochiert, und das Mehl kommt erst am Schluss dazu. Man lässt das Fleisch in einem Sud aus Fleischbrühe, Wein und Gewürzen ziehen, hebt es heraus und reduziert die Flüssigkeit für die Sauce. Diese lässt man bis auf die gewünschte Menge einkochen und gibt – um sie zu binden – Beurre manié zu, Butter und Mehl aus gleichen Teilen. Am Schluss verfeinern wir mit Rahm, eventuell mit Kräutern, Kapern usw.

Schliesslich werden auch Obst und Früchte geschmort. Allerdings kommt hier kein Mehl dazu. Es eignen sich Äpfel, Birnen, vor allem aber saftige Früchte wie Zwetschgen, Pfirsiche, Aprikosen. Man gibt sie in eine ausgebutterte Form, fügt Süssmost, Weisswein oder Sirup bei und lässt sie im Ofen – ohne Deckel – bei tiefer Temperatur langsam garen.

Coq au vin ist ein Klassiker der französischen Küche: Pouletstücke mit Zwiebeln, Champignons und Speckwürfeln in gutem Rotwein geschmort.

Coq au vin
(für 4 Personen)

1,5 kg französisches Poulet
Salz
5 Tropfen Tabasco
schwarzer Pfeffer, gemahlen
1 Tl Rosmarinnadeln, gehackt
1 Tl Paprikapulver
1 Prise Muskat
30 g Mehl, zum Wenden
150 g Perlzwiebeln, geschält
200 g kleine Champignons
20 g Kochbutter
50 g Magerspeckwürfel
½ dl Cognac
4 Tomaten, geschält
7 dl guter Rotwein (Burgunder)
1 Knoblauchzehe, gepresst
etwas Trockenbouillon

Das Poulet ausnehmen. Herz, Leber, Magen und Hals beiseitelegen. Halbieren, Rückgrat ausschneiden und zu den Innereien legen, ebenso die unteren Flügelteile. Die Knorpelstücke der Keulen wegwerfen. Die Poulethälften halbieren oder in mehrere kleine Stücke schneiden. Die Pouletstücke häuten, mit Salz, Tabasco und den übrigen Gewürzen einreiben. In Mehl sparsam wenden und etwas ruhen lassen. Die Zwiebelchen mit den Champignons in Kochbutter andämpfen, die Speckwürfel beigeben. Sobald alles glasig ist, diese Zutaten aus der Pfanne nehmen und in eine Schüssel geben.

Die Pouletstücke im Bratsatz portionenweise anbraten. Mit Cognac begiessen und flambieren. Das Fleisch aus der Pfanne nehmen und zu den anderen Zutaten geben.

Die geschälten und geviertelten Tomaten im zurückgebliebenen Saft andämpfen. Mit dem Rotwein ablöschen. Die Knoblauchzehe zufügen. Mit Trockenbouillon leicht würzen. Das Fleisch und die anderen Zutaten in die Weinsauce geben und darin bei mittlerer Hitze während zirka 30 Minuten gardämpfen. Sollte viel Sauce übrigbleiben, so kann diese abgeschüttet und separat eingekocht werden.

Geschmortes Ochsenschwanz-Ragoût, mit Polenta gefüllt
(für 6 bis 8 Personen)

Die aufwendige Zubereitung lohnt sich vor allem, wenn für viele Leute gekocht wird.

12–16 Ochsenschwanzstücke
(ca. 7–8 cm lang)
Salz und Pfeffer
1 El Mehl
1 El Schweinefett
2 El eingesottene Butter
2 Zwiebeln, in Ringe geschnitten
1 Lauch, in Ringe geschnitten
½ Sellerieknolle, in Stücke geschnitten
2 Rüebli, klein geschnitten
2 dl guter Rotwein
2 Tomaten
5 dl Fleischbrühe, entfettet

1 kleines Lorbeerblatt	*5 g Salz*
2 Nelken	*150 g Bramata-Mais (grobkörnig)*
1 Zweig Thymian, Blättchen abgestreift	*50 g Butter*
5 Peterlistiele	**Garnitur:**
50 g Tafelbutter	*2 Rüebli*
10 Tropfen Tabasco	*1 Sellerie*
Polenta:	*1 Lauch*
7,5 dl Wasser	*20 g Butter*

Aufwendig ist die Zubereitung dieses Ochsenschwanz-Gerichtes, aber die Mühe lohnt sich, besonders, wenn man gleich für eine grosse Tafelrunde kocht.

Den Backofen auf 150°C Mittelhitze einschalten. Die Ochsenschwanzstücke mit Salz und Pfeffer würzen. Im Mehl drehen. Schweinefett und Butter zusammen in Bräter (rechteckiges Bratgeschirr) erhitzen. Den Ochsenschwanz rundum bei sehr mässiger Hitze anbraten. Das dauert etwa 20 Minuten. Es ist wichtig, dass mit sanfter Hitze gearbeitet wird, damit der Ochsenschwanz seinen Saft behält. Nach dieser Zeit die Gemüse beigeben und auch sie langsam anrösten. Der Lauch darf allerdings die Farbe nicht ändern, da er dabei bitter würde. Mit Rotwein ablöschen und ihn – wiederum bei sehr mässiger Hitze – zusammen mit dem Gemüsesaft grösstenteils eindampfen lassen. Tomaten und Bouillon zufügen, Lorbeerblatt, Nelken, Thymian und Peterlistiele beigeben. Alles auf unterster Rille in den Ofen schieben und während 1 Stunde bei 150°C schmoren. Dann auf etwa 90°C schalten und das Fleisch weitere 2 Stunden im Ofen garen lassen. Die Flüssigkeit kontrollieren, da der Ochsenschwanz während der ganzen Zeit in genügend Sauce liegen soll. Ist das Fleisch weich und zart (kommt auf die Dicke der Stücke an), so kann es etwas abgekühlt und vom Knochen geschnitten werden und zwar so, dass das Fleisch möglichst nicht durchgetrennt wird und die Fleischmanschette danach mit Polenta gefüllt werden kann. Warm halten.

Die Sauce absieben, die ausgelaugten Gemüse dabei ausdrücken und die Sauce mit 50 g frischer Butter verfeinern. Nach Geschmack mit etwas Tabasco pikant nachwürzen. Warm halten.

Für die Polenta
Wasser und Salz aufkochen. Den Mais einstreuen und die Polenta unter fort-währendem Rühren bei mässiger Hitze etwa 50 Minuten köcheln lassen. Die Butter flockenweise darunterziehen. In die Fleischmanschetten füllen.

Für die Garnitur
Das Gemüse waschen, in feine Scheiben und dann in kleinste Würfelchen schneiden. Die Butter erhitzen, die gemischten Gemüsewürfelchen beigeben und kurz andämpfen. Bis zum Anrichten mit Pergamentpapier gedeckt in den 80°C heissen Ofen stellen.

Coq au Riesling
(für 4 Personen)

1 frisches französisches Poulet
10 Estragonblätter, feingehackt
Salz, Pfeffer
5 Tropfen Tabasco
½ Flasche Riesling
½ l Hühnerbouillon
1 Schalotte
1 Rüebli, in Scheiben geschnitten
1 kleines Stück Lauch
1 Lorbeerblatt
8 zerdrückte Pfefferkörner
30 g Butter
30 g Mehl
½ dl Vollrahm
1 Büschel Petersilie, gehackt

Das Poulet halbieren und vierteln oder achteln. Mit Estragon, Salz, Pfeffer und Tabasco leicht würzen. Den Riesling mit der Hühnerbrühe, der halbierten Schalotte, den Rüebli sowie mit Lauch, Lorbeerblatt und Pfeffer aufsetzen. Aufkochen. Die Fleischstücke in die Brühe legen und darin 40–50 Minuten ziehen lassen. Herausnehmen, gut abtropfen und die Haut abziehen. Die Bouillon auf etwa 3 dl eindampfen lassen. Absieben, dann die Mehlbutter flockenweise darunterschwingen. Die Sauce aufkochen und so binden. Mit Rahm verfeinern, weitere 10 Minuten leicht kochen lassen. Nach Geschmack nachwürzen. Das Fleisch in die Sauce legen und heiss werden lassen. Mit Petersilie überstreut servieren.

Kalbshaxen cremolata
(für 4 Personen)

4 Kalbshaxen
Salz, Pfeffer
etwas Paprikapulver
1 El Mehl
1 El eingesottene Butter
300 g frische Tomaten
1 Stück Sellerie
1 Lauch
2 Rüebli
1 Zwiebel, mit Lorbeerblatt und Nelke besteckt
1 Knoblauchzehe, gepresst
1 dl guter Weisswein
3 dl Fleischbrühe
etwas Rosmarin und Thymian
½ dl Vollrahm
1 Bund Petersilie, gehackt
Schale von 1 Zitrone, als Streifchen fein abgezogen und blanchiert

Die Haxen beidseitig würzen und sparsam im Mehl wenden. Die Haut einschneiden, damit sich die Haxen beim Braten nicht zusammenziehen. In heisser Butter anbraten. Die Gemüse schälen und grob schneiden. Im Bratsatz anrösten, ebenso die besteckte Zwiebel und den Knoblauch. Mit Weisswein ablöschen, die Flüssigkeit eindampfen lassen. Das Fleisch ins Gemüse legen und mit Fleischbouillon auffüllen. Die Kräuter dazugeben. 1½ Stunden schmoren lassen, eventuell mehr Flüssigkeit dazuschütten. Am Schluss das

Fleisch aus der Sauce nehmen und diese durch ein Sieb passieren. Mit Rahm verfeinern, nachwürzen und die Petersilie darunterziehen. Die Haxen auf Risotto anrichten und mit der Sauce sowie mit Zitronenstreifen überziehen.

Schmorbraten
(für 4 bis 6 Personen)

1 kg Rindfleisch
(Hohrücken, Schlüsselriemen
oder Laffenspitz), gespickt
2–5 Rüebli
etwas Sellerie
6–8 Zwiebelchen
etwas Lauch
1 El Salz
1 Prise Pfeffer
30 g eingesottene Butter
1 Kalbsfüsschen
20 g Mehl
2 dl guter Rotwein
1 Lorbeerblatt
1 Nelke
4 schwarze Pfefferkörner
2–4 geschälte Tomaten,
in Würfel geschnitten
ca. 5 dl Bouillon

Das Fleisch vom Metzger spicken lassen. Das Gemüse rüsten und in Scheiben oder feine Streifen schneiden. Das gewürzte Fleisch in der heissen Butter rundum bei starker Hitze krustig anbraten. Aus der Pfanne nehmen, den Bratsatz aufkratzen und die vorbereiteten Gemüse sowie das Kalbsfüsschen beigeben. Anrösten. Das Mehl darüberstäuben und mitrösten, bis es braune Farbe annimmt. Mit Rotwein ablöschen, ihn verdampfen lassen und dann Lorbeerblatt, Nelke, zerdrückte Pfefferkörner sowie Tomaten beigeben. Mit der Bouillon anfeuchten und das

Fleisch in die Sauce legen. Auf unterster Rille in den Ofen schieben und bei 180 °C etwa 2 Stunden schmoren lassen. Herausheben, das Fleisch quer zur Faser tranchieren und die Sauce passieren. Nach Geschmack nachwürzen. Das Fleisch auf eine vorgewärmte Platte anrichten und mit der passierten Sauce überziehen.

Rheinischer Sauerbraten
(für 10 Personen)

1 gestr. El Salz, gemischt
mit 6 Umdrehungen Pfeffer
50 g eingesottene Butter
2 gestr. El Mehl
150 g frische Pilze
1 Tl Tomatenpüree
evtl. 2–3 dl Bouillon
Salz, Pfeffer
50 g Rosinen, in 2 El Rum eingelegt
50 g Mandelblättchen
Marinade:
1 Flasche guter Portwein
2 dl Rotweinessig
2 dl Wasser
4 zerdrückte Pfefferkörner
1 Rüebli und ¼ Sellerieknolle,
fein geschnitten
1 Zwiebel
1 Lorbeerblatt
3 Nelken
2 kg Rindfleisch zum Braten
(Laffe oder runder Mocken
resp. Schlüsselriemen)

Drei Tage vor der Zubereitung alle Zutaten für die Marinade zusammen in eine Schüssel geben. Die Zwiebel halbieren und mit der Schale auf der Herdplatte anrösten, damit sie gut riecht. Mit Lorbeerblatt und Nelken besteckt in die Flüssigkeit legen. Das

Fleisch eintauchen. An kühlem Ort mit Folie bedeckt liegen lassen. Hie und da wenden.

Den Backofen auf 200 °C Mittelhitze einschalten. Das Fleisch aus der Beize nehmen, mit Küchenpapier trocknen. Mit der Gewürzmischung einreiben. Die Butter erhitzen. Das Fleisch darin rundherum anbraten. Die Marinade mit Zutaten darübergiessen und das Fleisch im Ofen während 1¾ Stunden zugedeckt gar schmoren. Wenn nötig von Zeit zu Zeit etwas Wasser oder Bouillon nachgiessen. Aus der Sauce nehmen und mit Folie bedeckt warm stellen. Die Beize absieben und bei Bedarf mit Bouillon auf 6 dl ergänzen. Das Mehl separat braun rösten. Mit der Beize ablöschen, die Sauce mit dem Tomatenpüree auf- und einkochen lassen. Die Pilze 15 Minuten vor dem Servieren zugerüstet und gewaschen beigeben und mitkochen. Mit Salz und Pfeffer abschmecken. Die Rosinen mit der Einlegeflüssigkeit unter die Sauce ziehen und das dünn aufgeschnittene Fleisch damit überziehen. Mit gerösteten Mandelblättchen bestreuen.

Rösten:
Vor allem Mehl und Zucker

Wenn von Rösten, von Bräunen mit oder ohne Fett die Rede ist, denken wir unweigerlich an Mehl und Zucker: Mehl für gebundene Saucen und Mehlsuppen, Zucker zum Karamelisieren, für Süssspeisen.

Röstet man das Mehl mit Fett, so wird es beim Ablöschen heller. Röstet man ohne Fett, wird es dunkler. Dabei muss man sehr sorgfältig vorgehen! Die anfänglich mittlere Hitze wird später nämlich höhergestellt, was bedingt, dass

Gebrannte Creme

1

2

3

1. Den Würfelzucker ohne umzurühren rösten, bis er zerfliesst, braun wird und das erstemal aufschäumt.
2. Mit Doppelrahm ablöschen.
3. Den Zucker im Rahm durch Kochen lösen.

man die Pfanne pausenlos überwacht. Beim Ablöschen ist es ratsam, die Pfanne vom Herd zu nehmen und das Mehl unter Rühren etwas abzukühlen. Nach und nach fügt man kaltes Wasser zu und rührt glatt, bis das Mehl breiartig dick ist. Dann verdünnt man mit dem Rest der Flüssigkeit. Das heisst: Für 20 g Mehl berechnet man 4 dl Flüssigkeit.

Man kann kalt oder warm ablöschen. Suppen und Saucen aus geröstetem Mehl müssen sehr lang kochen.

Mehl, das ohne Fett geröstet wird, lässt sich auf Vorrat zubereiten: Man verteilt es auf ein Backblech und röstet es bei 220 °C im Backofen mittelbraun. Während des Röstens wird das Mehl öfters gewendet und gut überwacht. Aufbewahrt wird es in einer verschliessbaren Dose.

Vor dem Rösten von Zucker haben viele Angst, denn es entsteht dabei eine grosse Hitze und man fürchtet, dass die Karamelmasse bitter wird. Ich empfehle Ihnen, so vorzugehen: Man lässt den Zucker in der Gusseisenpfanne ohne zu rühren zerfliessen – wenn man rührt, entstehen Knollen. Der Zucker wird langsam braun. Im letzten Moment des Bräunens wird die ganze Masse gemischt. Schäumt der Zucker das erste Mal auf, löscht man sofort ab.

Löscht man zu früh ab, lässt der Zucker die schöne Farbe und den Karamelgeschmack vermissen; löscht man zu spät ab, wird er bitter. Ablöschen kann man mit Wasser oder Milch, wenn es üppiger sein darf, mit Rahm.

Geht es darum, für Karamelköpfchen eine Form auszugiessen oder den Boden einer Form für die Tarte Tatin zu bedecken, löscht man den gerösteten Zucker nicht ab, sondern giesst ihn sofort – Handschuhe bereithalten! – in die Form, die man vorgewärmt hat. Wie gesagt: Das muss sehr rasch gehen, denn der gebräunte Zucker wird augenblicklich fest.

Ausser Mehl und Zucker werden auch geröstet: Griess (für Griesssuppe), kleingeschnittenes Brot (mit Bouillon abgelöscht für Brotsuppe), Haferflocken, Hafergrütze für Suppen…

Gebrannte Creme nach Agnes Amberg

(ca. 12 Portionen)
(grosses Bild)

50 Stück Würfelzucker
1,5 l Doppelrahm (Crème double)
5 g Maizena (Maisstärke)
1 Prise Salz
1 Zitronenschale, fein abgerieben (nur Gelbes ohne weissen Schalenteil)
etwa 1 El Zitronensaft
2 dl kalte Vollmilch
½ l Rahm, geschlagen

Den Würfelzucker ohne umzurühren schmelzen, bis er das erstemal aufschäumt. Den Doppelrahm aufs Mal dazugiessen. Umrühren, die Creme auf- und zirka 10 Minuten einkochen lassen. Mit dem angerührten Maizena leicht binden. Nochmals kurz aufkochen, bis die Creme dickflüssig wird. Salz, Zitronenschale und -saft zur geschmacklichen Abrundung beigeben. Die Creme ganz auskühlen lassen, mit Milch verdünnen, den geschlagenen Rahm locker darunterziehen. Möglichst kalt servieren.

Pochierte Birnen

12 Birnenhälften
Sirup:
5 dl Weisswein
1 Zimtstengel
1 Nelke
1 El Vanillezucker
3 El Griesszucker

Die Birnenhälften im Sirup knapp weich kochen. Fächerartig einschneiden und mit der «Gebrannten Creme» anrichten.

Vom Rost und aus der Pfanne

Das gute Gelingen von Grilladen –
ob auf dem Rost
oder in der Pfanne zubereitet –
hängt stark von
den Vorbereitungen ab.

Die Grillparty: Sie gibt oft Anlass zu Satiren. Vor allem, wenn es am offenen Feuer im Garten geschieht. Es lässt sich so lustvoll beschreiben, wie sich der Gastgeber mit der Glut abquält, wie sich seine Helfer, um die Würste bemüht, die Finger verbrennen, derweil die Gäste, häppchenweise abgespeist, nur deshalb das Warten so fröhlich überstehen, weil mit dem Alkoholausschank nicht gegeizt wird...

Wir können den Spöttern den Mund stopfen, indem wir die Grillparty, so improvisiert sie sich nach aussen hin auch geben mag, gut vorbereiten. Uns neben den sattsam bekannten Würsten auch andere Arten von Grilladen einfallen lassen. Die Grillflächen der Gästezahl anpassen oder umgekehrt. Mit sättigenden Zutaten ergänzen, wenn wir kostbares Fleisch servieren, denn selbst «ländlich» aufgezogene Grillparties können ganz schön ans Portemonnaie gehen.

Grill: Der Anfang aller Kochkunst

Das Grillieren steht am Anfang aller Kochkunst. Als die Menschen es leid waren, Nahrungsmittel so zu verzehren, wie die Natur sie ihnen darbot, suchten sie nach Möglichkeiten der Verarbeitung, und sie kamen aufs Feuer. Als Odysseus von seiner Irrfahrt heimkehrte, bekam er vom gastlichen Sauhirten Eumaios Ferkelfleisch am Spiess dargeboten...

Grillieren heisst Garen durch Hitzestrahlung. Dies kann auf sehr verschiedene Art geschehen: auf dem Rost, am Spiess, im Elektrogrill mit Hilfe von Infrarotstrahlen, im Grill des Backofens, im Kontaktgrill, in der Grillpfanne.

Grillsysteme

Die **Grillpfanne,** bei der die Hitze von unten einwirkt. Sie besteht meist aus Gusseisen und hat hohe Rillen, die dann das dekorative Grillmuster ergeben.

Der **Klappgrill** mit Ober- und Unterhitze eignet sich vor allem für dickere Grilladen, die zwischen den beiden heissen Flächen rasch gar werden.

Der **Elektrogrill** arbeitet mit Oberhitze und Infrarotstrahlen und lässt sich aus diesem Grunde auch zum Grillieren verwenden. Einfacher geht es nicht: Man braucht nur Garzeit und Hitzegrad einzustellen. Und die Gebrauchsanweisung zu beachten. Den Elektrogrill gibt es auch mit Drehspiess.

Der **Holzkohlengrill** ist in den verschiedensten Ausführungen auf dem Markt, vom einfachen Gusseisengrill bis zum Luxusmodell mit Drehspiess und Batteriemotor. Ausschlaggebend bei der Wahl sollte sein, wie oft man in die Lage kommt, zu grillieren. Geschieht es häufiger, lohnt es sich, einen Gartengrill aus feuerfestem Emailblech und rostfreiem Stahl anzuschaffen, dessen Holzkohlenbehälter sich waagrecht und senkrecht verwenden lässt. Vor allem, wenn man grosse Fleischstücke serviert, ist es vorteilhaft, dass die Hitze seitlich einwirkt, damit das Fett nicht in die Glut tropfen kann.

Was für das Grillieren spricht

Grilladen zeichnen sich durch einen sehr guten Geschmack aus. Sie haben eine grosse Bedeutung in der kalorienarmen Küche, da man ganz ohne Fett (wenn das zu grillierende Nahrungsmittel bereits fetthaltig ist) oder mit nur wenig Fett auskommt. Grilladen sind deswegen auch leichter verdaulich. Wenn Fett nötig ist, bepinsle ich das Nahrungsmittel mit flüssiger eingesottener Butter (Gourmetbutter), die nur wenig ins Grillgut eindringt.

Bei Grilladen bleiben der Saft, die Vitamine und Mineralsalze erhalten. Beträgt der Vitaminverlust beim Schmoren beispielsweise über die Hälfte, so ist es beim Grillieren nur zirka ein Drittel. Beim Grillieren verliert das Nahrungsmittel bedeutend weniger an Gewicht als beispielsweise beim Schmoren.

Grillieren mit und ohne Vorbereitung

Am unkompliziertesten ist das Grillieren in der Küche mit einer speziellen Grillpfanne. Allerdings kann die Hitze nur von unten her zutreten.

Leichter als die schweren Gusseisenpfannen mit den hohen Rillen sind die teflonisierten Grillpfannen. Sie haben jedoch den Nachteil, dass sie die hohe Hitze nicht ertragen, die manchmal notwendig ist. Denn gewisse Produkte brauchen meiner Erfahrung nach wenigstens zu Beginn eine starke Hitze. Garen wir beispielsweise den Fisch am Anfang zuwenig heiss, besteht die Gefahr, dass er klebt und zerfällt. Anderseits eignen sich Grillpfannen aus Teflon gut für das Grillieren von Kalbfleisch, das weniger «scharf» angebraten werden muss, und auch für Gemüse und Früchte.

Grill-Fans lassen als das einzig richtige Grillieren jedoch nur das Garen in der Glut des offenen Feuers gelten. Grilladen, sagen sie zu Recht, schmekken so am besten. Voraussetzung ist allerdings, dass man mit Feuer und Rost sachgemäss umzugehen versteht.

Ich selbst grilliere auf dem Gartengrill oder im Cheminée mit Holzkohle bester Qualität. Wir begiessen sie mit einer halben Tasse Brennflüssigkeit und warten dann 1–2 Minuten, bevor wir mit langen Zündhölzern anzünden. Bis die richtige Glut entsteht, dauert es ungefähr 1 Stunde.

Dann lege ich das Fleisch auf den Rost, den ich zuvor mit Folie belegt habe, wenn es sich um ein besonders fettes Stück handelt. Denn wenn man den Grilladen vorwirft, sie seien ungesund, so nur dann, wenn Fett verbrennt und zur Bildung des krebserzeugenden Benzpyrens führt.

Mageres Fleisch lege ich, nachdem ich es mit flüssiger eingesottener Butter bepinselt habe, auf den mit einer Stahlbürste gereinigten, einwandfrei sauberen Rost. In der starken Hitze schliessen sich die Fleischporen sogleich. Der Garprozess auf dem Grill dauert nun etwa so lange wie bei normalem Braten.

Generelle Regel: Je dicker das Fleischstück ist, um so tiefer soll die Grilltemperatur sein, und der Garprozess darf länger dauern. Das lässt sich regulieren, indem wir das Fleischstück weiter weg vom Feuer braten, als wenn es sich um kleinere, dünnere Fleischteile handelt. Die kleinen Stücke wie Steaks, Schnitzel usw. garen wir nahe der Glut.

Was wir als Zubehör zum Grillieren brauchen, ist nicht einfach Spielerei. Die starke Hitze macht die Grillzange, den langstieligen Löffel zum Begiessen mit Eigenfett oder -jus und die dicken Grillhandschuhe nötig. Weniger notwendig finde ich die oft angepriesenen Fleischthermometer. Steckt man sie ein, so tritt Fleischsaft aus. Diesen Nachteil haben auch Spiesse; beim Durchstechen wird das Fleisch verletzt.

Fische verlangen beim Grillieren eine besonders schonungsvolle Behandlung. Die zarte Seeforelle mit Dill wird in der Folie gegart.

Ganze Seeforelle vom Grill
(für 4–6 Personen)

1 Seeforelle, absolut frisch (1,2–1,8 kg)
Saft von ½ Zitrone
Salz
etwas Pfeffer aus der Mühle
1 Zweig frischer Dill
100 g Tafelbutter
1 grosses Stück Alufolie extrastark, etwas länger als der Fisch und etwa viermal so breit

Die Forelle ausnehmen oder beim Fischhändler vorbereiten lassen.

Die Bauchhöhle mit nassem Küchenpapier sorgfältig austupfen. Auch inwendig spurenweise mit etwas Zitronensaft beträufeln. Mit Salz und Pfeffer leicht würzen. Nach Belieben ein wenig Dill in den Fischbauch legen. Er darf aber geschmacklich nicht überwiegen. Die Hälfte der Butter bei leichter Hitze flüssig werden lassen. Die restliche Butter in kleine Stücke geschnitten in den Fischbauch legen.

Die Folie in der Länge des Fisches und in dreifacher Breite mit der flüssigen Butter bepinseln. Den Fisch auf die Folie legen und die Enden der Länge nach so falten, dass der Verschluss auf der Fischoberfläche locker anliegt. Die Seiten ebenfalls gut verschliessen.

Sobald eine starke Glut entsteht, den Fisch mit Glutabstand von zirka 20 cm auf den Rost legen. 20 Minuten ohne zu drehen grillieren. Die Folie soll dabei leicht aufgehen. Nach dieser Zeit den Fisch etwa 10 Minuten in der Folie ruhen lassen. Vor den Gästen öffnen und den knapp garen Fisch sorgfältig auslösen. Mit eigenem Saft übergiessen und mit frischen Gemüsen, Baked potatoes oder zartem Salat (mit wenig Säure angemacht!) servieren.

Wichtig zu wissen

Niemals den Grill, sondern das Grillgut befetten.

Grosse Fleischstücke vor dem Grillieren würzen, Kleinfleisch und Fisch unmittelbar vor oder während des Grillierens.

Nur wenige Grillköche haben die Möglichkeit, beispielsweise ausschliesslich mit Rebholz Feuer zu machen. Man kann der Holzkohle jedoch wenigstens ein Ästchen Rebholz, einige Zweige Rosmarin, etwas Wacholder beigeben, um ein bestimmtes Aroma zu erzeugen.

Der Glut Zeit lassen. Erst zu grillieren anfangen, wenn sie voll entwickelt und gleichmässig ist.

Bei grossen Fleischstücken den Saft mit Hilfe einer Tropfschale auffangen und das Fleischstück von Zeit zu Zeit mit dem abgetropften Fett begiessen.

Bei Spiessen darauf achten, dass die Fleischstücke, die wir aufstecken, die gleiche Garzeit haben.

Fisch zu grillieren ist heikel. Um zu verhindern, dass er trocken wird, sollten wir ihn nur ein paar Minuten der Hitze aussetzen. Lachstranchen grilliere ich nur einseitig, damit sie im Kern noch rosa sind. Grossen Fisch wie Hecht und Zander können wir, nachdem wir ihn gewürzt und den Bauch mit Kräutern gefüllt haben, auch in eine bebutterte Alufolie einwickeln.

Apropos Alufolie: Sie hat den Vorteil, dass sich die Hitze durch die Reflektion verstärkt und dass das zu garende Nahrungsmittel in den meisten Fällen seinen Saft behält. Ihr Nachteil: Es kann sich so keine Kruste bilden. Mein Tip: Erst in der Folie grillieren und dann, ungefähr im letzten Fünftel der Garzeit, auf dem Rost fertigbraten. Kartoffeln können wir, in Folie gepackt, direkt in die Glut legen.

Grilliertes Perlhuhn mit Orangen und grünen Spargeln
(für 4 Personen)

---

1 frisches Perlhuhn von etwa 900 g (Fleischanteil ca. 500 g), am Vortag mariniert

---

Marinade

---

100 g Zwiebeln, in feine Scheibchen geschnitten

---

1 dl Gemüsefond, vollständig entfettet

---

2 El Saft von grüner Zitrone

---

4 El frisch gepresster Orangensaft

Sauce

---

6 El Apfelessig, ungewürzt

---

3 El Fruchtzucker (aus Drogerie)

---

4 Tropfen Tabasco

½ dl Geflügelbrühe, vollständig entfettet

---

3 El Doppelrahm

---

16 grüne Spargeln, nur Spitzen, ungeschält

½ Orange, geschält, Schnitzchen zwischen den Häutchen ausgelöst und warm gestellt

---

Schale von ½ Zitrone

Schale von ¼ Orange, beides in sehr feine Streifchen geschnitten und in wenig kochendem Wasser blanchiert

---

Alle Zutaten für die Marinade mischen.

Das ausgenommene Perlhuhn längs halbieren und das Rückgrat wegschneiden. Mit der Marinade übergiessen und sie in die Fleischhälften einreiben. Das Perlhuhn mit Folie bedeckt über Nacht im Kühlschrank ruhenlassen.

Vor der Zubereitung die Perlhuhnhälften aus der Marinade nehmen, abtropfen lassen und mit Küchenpapier abtupfen. Die Marinade mit den Zwiebeln bei kleiner Hitze etwa 10 Minuten köcheln lassen.

Für die Sauce Essig und Fruchtzucker in kleinem Pfännchen kochen, bis beides karamelisiert, d.h. eine hellbraune Farbe annimmt. Mit Tabasco würzen. Die eingekochte Marinade, die entfettete Geflügelbrühe, den Doppelrahm und die Karamelsauce fein pürieren. Durch ein feines Sieb passieren, abschmecken. Die Spargelspitzen zugeschnitten in die heisse Sauce legen. 3–5 Minuten, je nach Dicke, in der Sauce leicht köcheln lassen. Warm halten, die Spargelspitzen sollen knackig bleiben.

Die Perlhuhnhälften bei mittlerer Hitze 7 Minuten beidseitig zugedeckt grillieren. Die Haut einstechen, damit das darin enthaltene Fett abfliesst. Den Backofen auf 80 °C Mittelhitze einschalten. Das Fleisch im Ofen mindestens 1 Stunde ziehen lassen.

Die Sauce auf die vorgewärmte Teller verteilen, die Perlhuhnhälften vierteln. In die Sauce legen und mit warmen Orangenschnitzchen, Spargelspitzen und Zitronen-Orangen-Julienne hübsch garnieren.

So wird das Perlhuhn vorbereitet

Kleines Bild: Perlhuhnbrust, Zwiebelringe, Zitronen (oder Limes), Orange, Perlhuhnfond.

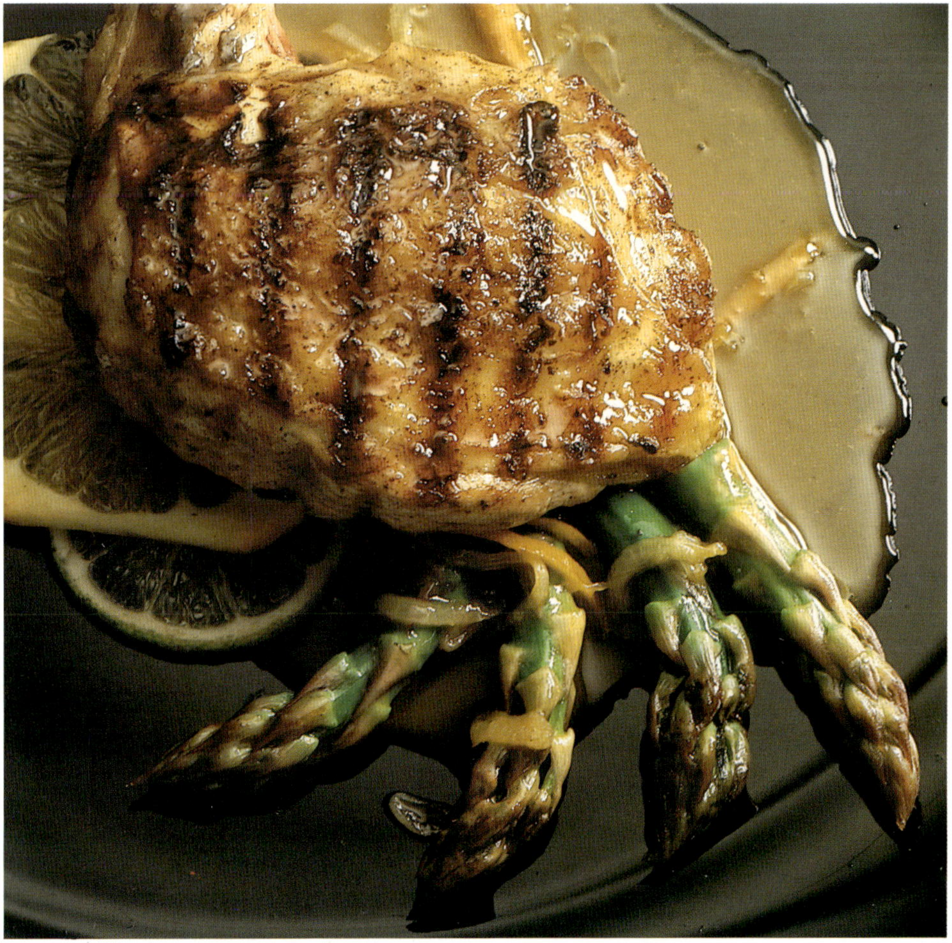

Eine raffinierte Mischung aus süssen, sauren und pikanten Zutaten geben diesem Perlhuhn eine ganz besondere Note. Dazu grüne Spargelspitzen.

Grilliertes Entrecôte
mit verschiedenen
Buttermischungen
(für 4 Personen)

---
800 g Entrecôte, am Stück
---
1 El Senf

Salz und Pfeffer aus der Mühle

3–4 Buttermischungen (separate Rezepte)

Das Fleisch mit Senf gut einreiben und bei Zimmertemperatur mindestens 1 Stunde ruhen lassen. Mit Salz und Pfeffer würzen. Mit der Fettseite auf den heissen Grill legen und beidseitig etwa 8 Minuten grillieren.

Den Backofen auf 80 °C Mittelhitze einstellen, das Entrecôte mindestens 1 Stunde in den Ofen legen. Aufschneiden, die Buttermischungen separat dazu servieren.

Grilliertes Kalbscarré
aus Marinade
mit Tomaten und Peperoni
**(für 6–8 Personen,
wird in grossen Quantitäten besser)**

1,6 kg Kalbscarré
---
*1 Portion Marinade für zarte Fleischstücke
(Rezept auf Seite 102)*

Salz und Pfeffer
---
30 g eingesottene Butter, flüssig

6–8 Tomaten
---
*4 Peperoni, verschiedenfarbig, halbiert,
entkernt und mit Olivenöl bepinselt*

Das Fleisch spätestens tags zuvor in die Marinade legen. Herausnehmen, mit Kreppapier trocknen und mit Salz und Pfeffer nachwürzen. Mit flüssiger Butter bepinseln und auf jeder Seite etwa 7 Minuten bei mittlerer Hitze grillieren. Den Backofen auf 80 °C Mittelhitze

Was alles sich grillieren lässt

Es gibt wenig, was man nicht grillieren könnte. Der Begriff wird jedoch meist mit Fleisch in Verbindung gebracht. Das Wort stammt aus dem Englischen und bezieht sich auf das Garen in Strahlungshitze. Grilliert man im Garten, spricht man oft auch von Barbecue.

Am populärsten sind zweifellos **Würste** vom Grill. Damit sie nicht platzen, hat man **Cervelats** oder grosse Würste wie **Lyoner** mehrmals einzuschneiden. **Bratwürste** legt man gekocht, **Schweinswürste,** die fetter sind, roh auf den Grill, nachdem man sie vorher mit der Gabel eingestochen hat.

Ideal zu grillieren ist **Schweinefleisch,** denn es kann im eigenen Fett garen. Auch lässt sich vom Schwein alles grillieren, vom Schweinshals über den Brustspitz und das Filet bis zum Spanferkel. Für **Lamm** (Gigot) ist das Grillieren die beste Garmethode überhaupt. Zum «edelsten Grillgut» zählt das Nierstück vom **Rind;** (preisgünstiger sind Hohrücken, Huftdeckel, Nuss.)

Kalbfleisch ist zwar kein ausgesprochenes Grillfleisch, denn es trocknet leicht aus; gut bepinselt, ergeben Kalbskoteletts und -schnitzel (Paillard de veau) jedoch geschätzte Grilladen. Grillieren lässt sich auch **Wild,** doch muss es zuvor zirka eine Stunde in eine Marinade gelegt werden.

Klassisch unter den Grillspezialitäten ist das **Geflügel,** das man in Teilen oder ganz am Spiess grillieren kann. Meist für Spiesschen verwendet werden **Innereien.**

Gute Grillresultate erhält man auch bei **Fisch,** vorausgesetzt, dass man ihn bei der richtigen Temperatur gart; fetter Fisch eignet sich, da er weniger austrocknet, besser als magerer. **Meerfrüchte** wie Hummer und Scampi kann man entweder in der eigenen Schale oder in Folie grillieren.

Grillieren lassen sich auch **Gemüse** (Fenchel, Tomaten, Kartoffeln, Maiskolben, usw.) und **Früchte,** beispielsweise Bananen in der Schale, frische, abgetupfte Ananasscheiben, Birnen in der Folie…

vorheizen und das Fleischstück auf das Backofengitter legen. 2–3 Stunden liegen lassen, die letzten 40 Minuten vor dem Servieren die Tomaten (eingeschnitten und gewürzt) sowie die Peperonihälften dazugeben. Das Fleisch in Scheiben schneiden, mit dem Gemüse garnieren.

Variante: Grilliertes Schweinscarré wird tags zuvor in Marinade für Schweinefleisch gelegt und auf gleiche Art zubereitet. Zum Schwein passen auch süssliche Garnituren wie grillierte Bananen, Maiskolben usw.

Poulet à la broche
(für 4 Personen)

---
1 Bresse-Poularde

Salz
---
*Gewürze wie:
Pfeffer, Paprikapulver, Origano,
Majoran, Thymian*
---
5 Tropfen Tabasco
---
1 Bund Petersilie
---
1 Zitrone zum Garnieren

Die Poularde inwendig säubern. Mit Salz, Pfeffer, Tabasco, Paprikapulver und den verschiedenen Kräutern in- und auswendig würzen. Die Gewürze gut einreiben. Das Poulet an den Spiess stecken und während 30 Minuten knusprig grillieren. Den Ofen auf 80°C Mittelhitze stellen und so 30 Minuten ruhen lassen. Mit Zitronenschnitzen oder -scheiben garnieren.

splitter daraufstreuen. Unter dem (Backofen-)Grill evtl. nochmals minutenschnell bräunen.

Für die Kirsch-Vanillesauce die Vanillestengel aufschneiden. Die Samen auskratzen und mit der Milch in ein Pfännchen geben. Das Kartoffelmehl

anrühren und mit den Eigelben sowie dem Zucker unter die Milch mischen. Unter stetem Schwingen auf kleinem Feuer erhitzen. Dann erkalten lassen und dabei hie und da gut umrühren. Mit Kirsch oder einem anderen Aroma parfümieren. Eiskalt zu den Früchten servieren.

Früchte-Mixed-Grill mit Kirsch-Vanillesauce
(für 4 Personen)

2 Ananasscheiben
1 Banane
1 Birne, der Länge nach halbiert resp. in Scheiben geschnitten
1 Orange mit Schale, ebenfalls in ½ cm dicke Scheiben geschnitten, eventuell auch Pfirsiche, Aprikosen, Apfelscheiben usw.
20 g flüssige Butter
2 El Himbeeren oder Himbeergelee
2–3 El feiner Zucker
50 g Mandelsplitter

Kirsch-Vanillesauce

2 Vanillestengel
4 dl kalte Milch
10 g Kartoffelmehl
2 Eigelb
30 g Zucker
wenig Kirsch oder ein anderes Aroma

Die Früchte beliebig zuschneiden. Mit flüssiger Butter bepinseln und auf den sehr heissen Grillrost legen. Beidseitig grillieren, so dass ein schönes Muster entsteht. Zuletzt auf der Oberfläche mit zerdrückten Himbeeren oder Himbeergelee bestreichen. Zucker und Mandel-

Wer ans Grillieren denkt, meint meistens Fleisch. Dabei schmecken auch Früchte vom Grill besonders gut, zum Beispiel Ananas und Bananen.

Grillierte Entenbrust mit Mango und Estragon

(für 4 Personen)

4 Entenbrüste mit Haut

Salz, schwarzer Pfeffer aus der Mühle

3 Tropfen Tabasco

1 El eingesottene Butter, flüssig

1 dl Entenfond, vollständig entfettet, und Mango-Abschnitte

1 grosse, gut reife Mango, geschält, in 3 mm dicke Scheiben geschnitten

6 Estragonblätter, fein gehackt

50 g Tafelbutter

8 ganze Estragonblätter für die Garnitur

Den Grillrost (oder die Grillpfanne) rauchheiss werden lassen. Die Entenbrüste würzen, mit flüssiger Butter bepinseln und mit der Hautseite auf den Grillrost legen. Die Hitze reduzieren, 5 bis 6 Minuten (je nach Grösse und Form der Entenbrüste) ohne zu wenden grillieren. In den auf 70 °C vorgeheizten Backofen legen. Zirka 1 Stunde ruhen lassen. Den Entenfond mit Mango-Abschnitten fein pürieren. In Pfännchen zurücksieben, den gehackten Estragon beigeben und mit Butter aufschwenken. Die Mangoscheiben mit einer Spur Butter kurz erhitzen. Die Entenbrüste quer und mit der Haut in dünne Scheiben schneiden. Die Sauce in kleinen Mengen auf die Teller verteilen. Das Fleisch darauf legen, mit Mangoscheiben und Estragonblättern garnieren.

Dekorativ und delikat ist diese Kombination von grillierter Entenbrust: Sie wird in Tranchen geschnitten und mit Mango und Estragon serviert.

Heller Geflügelfond

Butter zum Andämpfen

1 kg frische Geflügelknochen, in Stücke gehackt

etwas Geflügelinnereien: Hals, gesäuberter Magen, Herz

1 Kräutersträusschen: Thymian, Peterlistengel, Schnittlauch usw.

1 Bouquet garni: Lauch, Rüebli, wenig Sellerie, auch Blätter

1 Zwiebel, halbiert, besteckt

3 l kaltes Wasser

Die Butter erhitzen. Alle Zutaten (Gemüse grob geschnitten) in Butter kurz andämpfen. Das Wasser dazugiessen. Es muss alles gut bedeckt sein. Langsam auf ca. 5 dl reduzieren, zwischendurch immer wieder abschäumen. Vor weiterer Verwendung absieben.

Dunkler Geflügelfond

Knochen und Innereien in einem Esslöffel Öl kräftig anrösten. Das Gemüse zugeben und kurz mitrösten. Mit Wasser ablöschen und auf etwa 5 dl eindampfen lassen. Absieben.

Grilliertes Salmfilet in Tomaten-Basilikum-Creme
(für 4 Personen)

1 dl Fischfond,
mit Weisswein zubereitet

3 El Noilly Prat (trockener Wermut

1 dl Doppelrahm

1 dl Vollrahm

1 kleine Seite frischer Salm (ca. 800 g)

1 El Olivenöl (vierge)

Meersalz und Pfeffer aus der Mühle

1 kleine Knoblauchzehe,
ohne Keimling gepresst

2 Tomaten, geschält, entkernt
und in Würfel geschnitten

1 Bund resp. 6 Blätter Basilikum
mit mindestens 4 Herzblättchen

Den Fischfond mit Noilly Prat fünf Minuten einkochen. Den Doppelrahm beigeben, wieder zehn Minuten leise kochen und dann den Vollrahm zufügen. Nochmals einköcheln, bis die Sauce schwerflüssig wird. Sollte sie ausflocken, so kann man sie mit dem Stabmixer (Schneidemesser) sekundenschnell wieder aufrühren. Die übrigen Saucen-Zutaten bereitstellen, sie werden im letzten Moment daruntergemischt.

Die entgrätete und enthäutete Salmseite so zuschneiden, dass die dünneren seitlichen Fleischteile weggeschnitten werden. Nur der innere Teil, das Salmfi-

let, soll in einer Breite von etwa 6 cm als langgezogenes Stück zurückbleiben. Davon 4 Stücke in gleichmässiger Dicke und Grösse von 8 × 6 cm zuschneiden. Salmabschnitte respektive Reste für Fischragout, -mousse oder – terrine verwenden.

Die zarten Salmstücke sparsam mit Olivenöl bepinseln.

Den Grill mittelheiss vorwärmen.

Die Salmstücke mit Meersalz und Pfeffer würzen. Auf den Grill legen und bei etwas stärkerer Hitze drei Minuten einseitig grillieren. Die Grillzeichnung soll sichtbar werden, der Salm im Kern aber roh bleiben. Mit Folie bedeckt im Backofen bei 50 °C 10 Minuten ruhenlassen, damit sich der Salm inwendig erwärmt, aber roh bleibt.

Die heisse Sauce mit Knoblauch und Tomatenwürfeln mischen. Einmal aufkochen und nach Geschmack nachwürzen.

6 Basilikumblätter im letzten Moment in hauchdünne Streifchen schneiden. Unter die Sauce ziehen und diese als «Spiegel» auf vorgewärmte Teller verteilen. Die Salmstücke mit der Grillzeichnung nach oben darauf legen und mit je einem Basilikum-Herzblättchen garnieren.

Grillierte Scampi mit Limesbutter
(für 2 Personen als Hauptgericht)

16 Scampi in Schale

20 g Butter

1 Portion Limesbutter

Cognac zum Flambieren

50 g Brunnenkresse

Die untere Schalenhaut der Scampi beidseitig einschneiden. Fleisch und Schale mit flüssiger Butter bepinseln.

Den Grill erhitzen, die Scampi mit der Schale auf den Rost legen und zuerst an der Unterseite grillieren.

Die Butter über das Scampi-Fleisch verteilen, den Deckel auflegen und zerfliessen lassen. Einen Schuss Cognac darübergiessen, flambieren und auf Brunnenkresse servieren.

Filetspiess mit Senfbutter
(für 4 Personen)

250 g Rindsfilet (vom Spitz),
in grosse Würfel geschnitten

200 g Schweinsfilet, etwas kleiner
geschnitten als Rindsfilet

150 g Kalbsfilet,
in kleine Würfel geschnitten

1 El Gewürzmischung aus Salz, Pfeffer,
Paprikapulver

1 El französischer Senf

30 g flüssige Butter oder Öl zum Bepinseln

1 Portion Senfbutter

Das Fleisch würfeln und mit der Gewürzmischung überstreuen. Etwas ziehen lassen, dann abwechslungsweise auf Spiesse stecken und mit einer feinen Senfschicht einstreichen. Mit Butter oder Öl bepinseln.

Den Rost mit Aluminiumfolie überziehen, die Spiesse darauf legen und 10–15 Minuten rundum grillieren.

Die Senfbutter in Flocken darauf verteilen. Den Deckel der Grillpfanne aufsetzen, die Butter minutenschnell zerfliessen lassen und die Spiesse sofort (z. B. auf feine Bohnen) anrichten.

Variante: Nach Gutdünken kann man Zwiebel- und Peperonistücke zwischen die Fleischstücke auf dem Spiess stecken.

Rund um die Grillade

Legen wir das Fleisch erst in eine Marinade, so dürfen wir diese unter keinen Umständen mit Kochsalz würzen, denn es entzieht dem Fleisch den Saft. Wir lassen das Fleisch 2–3 Tage in der Marinade liegen. Bevor wir es verwenden, muss es Zimmertemperatur haben; also niemals direkt aus dem Kühlschrank verwenden.

Wünscht man zusätzlichen Geschmack, so kann man sich einer Glasur bedienen: etwa einer eingekochten Flüssigkeit aus Honig, Soja, Essig oder aus Olivenöl, Thymian, Knoblauch. Glasuren eignen sich vor allem für Schweinefleisch und Lamm, dem sie zusätzlichen Glanz verleihen.

Für das, was wir zur Grillade servieren, gibt es keine festen Regeln. Die moderne Küche liebt es, in dieser Hinsicht zu spielen. Ich selbst tische keine Saucen auf, die vom Gericht her entwickelt wurden; wenn schon, dann eher kalte. Vielleicht eine Olivensauce zur Bratwurst. Oder aber ein Morchelragoût zu einem Stück grilliertem Fleisch. Anstelle von Saucen tische ich zum Beispiel auch Chutneys oder Senffrüchte auf.

Besser geeignet als Saucen finde ich Buttermischungen. Es werden Butter, Salz und Pfeffer schaumig gerührt, dann gibt man je nachdem Paprikapulver, Senf, Curry, feingehackte Kräuter, feingehackte Oliven usw. bei. Fügen wir der schaumig gerührten Butter Flüssigkeit (z.B. Zitrone) zu, so ergänzen wir mit einer Spur Mehl; sonst stösst das Fett der Butter die Flüssigkeit ab. Wir geben die Buttermischung auf Alufolie, schlagen diese darüber und formen eine Rolle. Eingepackt, lassen wir sie im Kühlschrank kalt werden.

Marinaden für zarte Fleischstücke wie Rindfleisch oder Kalbfleisch
(für ca. 1 kg Fleisch)

2 dl guter Rotwein (Rindfleisch) oder Weisswein (Kalbfleisch)
Pfeffer, frisch gemahlen
½ dl Öl
wenig Zitronenschale, frisch abgerieben (nur Gelbes)
1 gestr. Tl Paprikapulver
1 El französischer Senf
6 Blatt Estragon, frisch gehackt

Alle Zutaten zusammen gut verrühren und das Fleisch damit einpinseln. Den Rest der Marinade darübergiessen. Mit Folie decken und ziehen lassen.

Wichtig: Wer Entrecôte, Filet oder Kalbscarré mehrere Tage in der Marinade liegen lässt, sollte das Fleisch im Kühlschrank aufbewahren. Hie und da wenden. Bei schneller Verwendung bei Zimmertemperatur ziehen lassen. Für Verwöhnte: Rindfleisch zusätzlich mit Cognac spritzen (mit medizinischer Spritze).

Marinade für Geflügel
(für ca. 1 kg Fleisch)

1 dl Öl
Pfeffer
1 Tl Paprikapulver
1 Knoblauchzehe, zerdrückt
Saft von ½ Zitrone
je 1 kleiner Zweig Rosmarin und Majoran, frisch gehackt
1 El Senf
1 El Worcestersauce
evtl. 1 El Whisky

Geflügel in- und auswendig mit der Marinade einreiben. Kleine Stücke damit übergiessen und ziehen lassen. Vor dem Grillieren mit Küchenpapier trocknen und mit flüssiger Butter einpinseln.

Marinade für Schweinefleisch
(für ca. 1 kg Fleisch)

1 Tl Honig
1 El Zitronensaft
2–3 dl Öl
Pfeffer, frisch gemahlen
1 El Worcestersauce
Saft von ½ Orange
1 Zwiebel, gerieben
Blättchen von 1 Zweig Thymian

Alle Zutaten verrühren. Bei grossen Stücken, z.B. Schweinshals, mit halbierten Knoblauchzehen spicken. Die Einschnitte mit spitzem Messer tief anbringen, und die Zehen so weit ins Fleisch drücken, dass sie beim Grillieren nicht herauskommen.

Marinade für Lammfleisch
(für ca. 1 kg Fleisch)

2 Knoblauchzehen, gepresst
2 El Worcestersauce
5 Tropfen Tabasco oder für Liebhaber von Pikantem 1 Chilischote, fein gehackt
2 dl Olivenöl
1 Tl Paprikapulver
1 El Senf
1 Zwiebel, fein abgerieben
1 Zweig Thymian
4 El Tomatenketchup

Alle Zutaten gut verrühren. Die Marinade eignet sich für Lammkoteletts ebensogut wie für Brust und Schulter. Bei Gigot das Fleisch vor dem Einlegen mit Cognac einreiben.

Buttermischungen

Die Butter schaumig rühren, bis sie hell wird und Spitzchen bildet. Die übrigen Zutaten beigeben, eventuelle Flüssigkeit zum Schluss darunterziehen. Die gemischte Butter nach Belieben auf die Mitte eines rechteckigen Folienstückes geben. Die eine Folienseite darüberschlagen, und eine Rolle bilden. Im Kühlschrank fest werden lassen, danach in Scheiben schneiden.

Zitronen- oder Limesbutter

100 g gesalzene Butter
1 gestr. Tl Mehl
Saft und fein abgeriebene Schale einer halben Zitrone (nur Gelbes) oder von 2 Limes

Passt zu Kalbfleisch, Geflügel, Fisch und Gemüse.

Senfbutter

100 g gesalzene Butter
3 El französischer Senf
Pfeffer, frisch gemahlen
5 Tropfen Tabasco
1 Tl Cognac

Passt zu Fleisch, Gemüse und Fisch.

Einfache Kräuterbutter

100 g Tafelbutter
1 Bund Petersilie, fein gehackt
1 Bund Schnittlauch, fein gehackt
eine Handvoll frischer Kerbel, fein geschnitten
schwarzer Pfeffer, frisch gemahlen

Passt zu Fleisch, Gemüse und Fisch.

Estragon- oder Dillbutter

100 g gesalzene Butter
2–3 El frischer Estragon oder Dill, fein geschnitten
schwarzer Pfeffer aus der Mühle

Passt zu Kalbfleisch (Estragon), hellem Geflügel, Fisch (Dill) und Gemüse.

Olivenbutter

100 g gesalzene Butter
etwa 10 grüne oder schwarze Oliven, fein gehackt
Pfeffer, frisch gemahlen
10 Tropfen Tabasco

Passt zu Fleisch und Meerfisch.

Paprikabutter

100 g Tafelbutter
½ Peperoni, geschält und in sehr feine Würfelchen geschnitten
1 Tl Rosenpaprika-Pulver
schwarzer Pfeffer, frisch gemahlen
10 Tropfen Tabasco

Passt zu Fleisch, Gemüse und Meerfisch.

Burgunder Butter

100 g Tafelbutter
1 Knoblauchzehe, gepresst
1 Bund Peterli, gehackt
1 Tl Salz
wenig weisser Pfeffer, frisch gemahlen
3 dl Burgunder, 1 Schalotte zusammen in einer Pfanne auf 3 El reduzieren und absieben. Die Butter mit einer Spur Mehl binden und die Reduktion, Rotwein und Schalotte, darunterziehen.

Passt zu Rindfleisch.

Kapernbutter

100 g gesalzene Butter
Pfeffer, frisch gemahlen
1 Prise Mehl
2 El Kapern, fein gehackt
5 Tropfen Tabasco

Passt zu Gemüse, Lammfleisch und Fisch.

Knoblauchbutter

100 g gesalzene Butter
5 gepresste Knoblauchzehen (den grünen Keim im Innern des Knoblauchs evtl. entfernen)
etwas Pfeffer

Passt zu Rindfleisch und Lamm.

Beurre maître d'hôtel

100 g gesalzene Butter
je 1 Bund fein gehackte Kräuter wie Basilikum, Peterli, Estragon, wenig Salbei, Pfeffer
1 Prise Paprikapulver
½ Tl Senf

Passt zu Fleisch.

Grüne Butter

100 g gesalzene Butter
1 El feines Spinatpüree, gut ausgedrückt
1 Tl Senf
Pfeffer aus der Mühle

Passt zu Fisch, Kalbfleisch, Kaninchen, Geflügel.

Sardellenbutter

100 g Tafelbutter (ohne Salz)
8–10 Sardellenfilets, sehr fein gehackt
1 Bund Peterli, ganz fein gehackt

Passt zu Meerfisch.

Die schonungsvolle Art, zu geniessen

Dampfgaren schont Aroma,
Vitamine und Mineralstoffe
und braucht kein Fett –
eine Kochmethode für Fein-
schmecker und Gesundheitsbewusste.

Die Ansprüche der leichten, gesunden Küche, auch die der Haute Cuisine, werden von einer Kochmethode in höchstem Masse erfüllt: vom *Garen in Dampf.* Es braucht keine Fettstoffe, und da das Nahrungsmittel nie mit der Flüssigkeit in Berührung kommt, bleiben die Vitamine und Mineralsalze weitgehend erhalten.

In fast jeder Küche findet sich ein *Dampfkochtopf;* seit es aber die neuen, praktischen Geräte gibt, gewinnt das *Vapeur-Kochen* immer mehr begeisterte Anhänger. Im Vapeur (französisch für Dampf) behalten Gemüse, Fleisch, Fisch, Geflügel ihren Geschmack nicht nur, er wird sogar gefördert. Allerdings bedingt das Produkte von absoluter Frische, denn auch die schlechten Eigenschaften werden durch diese Kochmethode betont. Bei Frischprodukten kann man das Aroma des Nahrungsmittels noch hervorheben, indem man für die verdampfende Flüssigkeit Gemüsebouillon, Fleischbrühe, Fisch- oder Geflügelfond nimmt. Im Unterschied zum Dampfkochtopf hat das Kochen im Vapeur den Vorteil, dass sich der Prozess überwachen lässt: Man kann während des Kochvorgangs den Deckel öffnen. Bei uns sind derzeit vor allem zwei Systeme solcher Vapeur-Geräte auf dem Markt.

Da sich im Dampfkochtopf während des Kochprozesses das Kochgut nicht kontrollieren lässt, eignet sich das Kochen im Dampfkochtopf eher für rustikale Gerichte mit langer Kochdauer wie Eintöpfe, Voressen, Irish-Stew usw. Es benötigt in der Regel nur ⅕ der üblichen Kochzeit. Auch in diesem Fall werden die Vitamine und Mineralsalze nicht strapaziert.

Wichtig: Damit das Nahrungsmittel sein Aroma behält, muss bei Kochbeginn, also bevor sich der Druck entwik-

Zucchini, Rüebli, Sellerie und Lauch im Dampf gegart: so bleiben Aromastoffe, Vitamine und Mineralien am besten erhalten.

kelt, der Sauerstoff entweichen können. Erst dann darf man den Topf luftdicht verschliessen.

Das Argument mancher Hausfrauen, das Kochen im Dampfkochtopf sei problematisch, fällt heute dahin. Die neuen Dampfkochtöpfe bieten dank ihren Sicherheitsvorrichtungen Gewähr, dass der Dampf nicht unkontrolliert entweichen kann. Schliesslich: Der Topf lässt sich auch als normale Pfanne verwenden.

Gemüse im Dampf gegart

Frische Gemüse zurüsten. Schalen und Abschnitte ins Vapeur-Gerät oder in eine Pfanne geben. Mit Wasser auffüllen, eine halbe besteckte Zwiebel mit Schale zufügen. Die Gemüsebouillon 30 Minuten leise köcheln lassen. Gemüse nebeneinander in Vapeur-Sieb oder ein Salatsieb über den Dampf legen und gut decken. Den Dampf vom Gemüsefond aufsteigen lassen. Das Gemüse leicht salzen und je nach Sorte resp. Grösse 8 bis 10 Minuten weich werden lassen.

Rücbli…

…werden besonders aromatisch, wenn sie nach dem Garen in einer Mischung von warmer Butter und Fruchtzucker (aus Drogerie) gedreht werden. Verhältnis auf 500 g Rüebli: 20 g Butter und 1 gestrichener Tl Fruchtzucker.

Gemüsepürees haben ihre besondere Berechtigung: Das Zellgewebe wird beim feinen Pürieren extrem aufgeschlossen. Aus diesem Grund kommen die eigenen, natürlichen Geschmacksstoffe besonders intensiv zur Geltung.

Wichtig: Gemüse nach Möglichkeit kurz vor dem Essen pürieren. Bei längerem Stehenlassen verlieren sie Geruchs- und Geschmacksstoffe.

Zander mit Gemüse-Bâtonets und Olivenöl
(grosses Bild)

(für 4 Personen)

Rüebli, Bleichsellerie, Zucchini
2 El kaltgepresstes Olivenöl
Saft von ½ Zitrone
Salz und Pfeffer aus der Mühle
3 Tropfen Tabasco
3 dl Fischfond
10 g Tafelbutter
4 Tranchen frischer Zander
1 Bund Kerbel, fein gehackt

Die Gemüse zurüsten und in grobe, lange und kantige Streifen (Bâtonets) schneiden. Das Olivenöl mit Zitronensaft, Salz, Pfeffer und Tabasco verrühren. Die Gemüse im Vapeur-Gerät oder in einer Pfanne über Dampf knackig garen, dann warm mit dem Olivenöl-Jus mischen. Den Fischfond in die Pfanne geben und erhitzen oder Fischgräten, Gemüse und Wasser direkt in der Pfanne aufsetzen und darin zirka 30 Minuten ziehen lassen. Ein Sieb (evtl. Salatsieb aus bestem Chromstahl), leicht bebuttert, auflegen und die mit Salz und Pfeffer gewürzten Fischtranchen darauf verteilen, gut decken und während 3–5 Minuten den heissen Dampf aufsteigen lassen.

Das warm gehaltene Gemüse mit Kerbel mischen. Mit Marinade auf die angerichteten Fischtranchen verteilen.

Salm vapeur mit Kerbelsauce

(für 4 Personen)

ca. 400 g frischer Salm, in Tranchen geschnitten
1 Rüebli
1 Lauch
4 Peterlistiele
20 g Kochbutter
1 dl Weisswein
3 dl Wasser
1 abgezogene Zitronenschale (nur Gelbes)
1 Bund frischer Kerbel
Salz und etwas Pfeffer
1 dl Doppelrahm (crème de Gruyère)
1 dl Rahm, geschlagen

Den Fisch filetieren oder beim Einkauf zuschneiden lassen. Zerkleinerte Gräten ohne Haut mit Gemüse im erwärmten Vapeur-Gerät oder in einer Pfanne in 10 g Butter leicht andämpfen. Mit Weisswein ablöschen. Einkochen lassen, dann mit Wasser auffüllen. Zitronenschale und Kerbelstiele zufügen. 30 Minuten bei gelegentlichem Abschäumen ziehen lassen. Evtl. etwas Wasser nachgiessen. Einen Siebaufsatz leicht bebuttern (evtl. Salatsieb). Die mit Salz und Pfeffer gewürzten Fischtranchen darauf legen. Mit Deckel gut verschliessen, 2–3 Minuten im aufsteigenden Dampf garen lassen. Gut geschlossen im Siebaufsatz kurz warm stellen (z. B. Backofen 60 °C).

Den Fond absieben und auf 2 dl einkochen lassen. Doppelrahm beigeben und wieder einkochen. Sobald die Sauce «schwerflüssig» wird, Gewürze, gehackte Kerbelblättchen und geschlagenen Rahm locker darunterziehen. Über die heissen Fischtranchen anrichten.

Fischfond

(für ca. 5 dl konzentrierte Flüssigkeit)

2 Rüebli
1 kleines Stück Sellerie mit Kraut
5 Petersilienstiele
100 g Champignons
2 Schalotten oder 1 Zwiebel mit Schale
1 El Olivenöl
ca. 2 kg Solegräten (Seezunge) oder Abschnitte von anderen Fischen
2 dl trockener Weisswein
4 l Wasser
1 Zweig frischer Dill
4 schwarze Pfefferkörner, zerdrückt
1 kleines Lorbeerblatt
1 Nelke

Die Gemüse und Pilze putzen und ungeschält fein schneiden.

Schalotten oder Zwiebel mit Schale grob hacken. Das Olivenöl erhitzen, die Gemüse und Pilze darin andämpfen.

Die Gräten putzen, alle Innereien entfernen. Die Gräten kalt abspülen und mit der Küchenschere in kleine Stücke schneiden. Zum Gemüse geben und kurz miterhitzen.

Mit Weisswein ablöschen, die Flüssigkeit eindampfen lassen und mit Wasser auffüllen, bis alles grosszügig bedeckt ist. Dill, Pfefferkörner, Lorbeerblatt und Nelke beigeben. 30 Minuten vor dem Siedepunkt ziehen lassen, dabei mehrmals abschäumen, da der Fond sonst bitter wird. Er darf deshalb auch nicht länger gekocht werden. Absieben, die Flüssigkeit so lange eindampfen lassen, bis sie schwer fliessend wird, d.h. etwa 5 dl Flüssigkeit übrigbleiben. Der Fond wird am besten, wenn er in grossen Quantitäten zubereitet wird. Er lässt sich ohne Geschmackseinbusse tiefkühlen.

So entsteht ein Fischfond

1. Zutaten: Gemüse, Kräuter, Olivenöl, Fischgräten, Weisswein.
2. Gemüse in Olivenöl andämpfen, Fischgräten dazugeben, mit Weisswein ablöschen und mit Wasser auffüllen.

Tips: Ich dämpfe die Gemüse in Olivenöl an, da der Fischfond dadurch einen besonders feinen Geschmack bekommt. Fond für Süsswasserfische auf gleiche Art, aber mit Gräten von Süsswasserfischen, zubereiten. Geschmacklich am besten werden Fischfonds aus Gräten von frischer Seezunge und Salm, wobei alle Innereien weggeschnitten werden müssen. Fischhäute sollte man nicht verwenden, da sie oft tranig schmecken.

Rindfleisch im Dampf mit Saisongemüse

(für 4 Personen)

50 g geriebener Parmesan, frisch
50 g Tafelbutter
10 geröstete Weissbrotscheiben resp. Croûtons (von Parisette)
1 l Fleischbouillon
1 kg Saisongemüse wie Wirsing, Kefen, Bohnen, Rettich, Lauch, Stangensellerie usw., in grosse, aber gleichmässige Stücke geschnitten
Salz und Pfeffer
ca. 600 g Rindsfilet oder Rindshuft

Parmesan und Butter zusammenkneten und auf die Brotscheiben streichen.

Die Fleischbouillon im Vapeur-Gerät oder in einer Pfanne zum Kochen bringen. Die Gemüse in das Sieb nebeneinanderlegen. Mit Salz und Pfeffer leicht würzen. Die Gemüse – je nach Sorte – während 5 bis 15 Minuten knackig weich garen und warm halten.

Das Fleisch mit Salz und Pfeffer würzen, ebenfalls in das Sieb legen und gut zudecken. 4–7 Minuten (je nach Schnittart, Dicke und Qualität) saignant garen. Nach Belieben im Backofen bei 80°C Mittelhitze bis zu einer Stunde ruhen lassen.

Das Fleisch aufschneiden, anrichten, das heisse Gemüse rundum arrangieren und mit restlicher Fleischbouillon übergiessen.

Die Brotcroûtons im letzten Moment unter den heissen Grill schieben und goldbraun rösten. Dazu servieren.

Geflügelbrüstchen im Dampf auf Lauch

(für 4 Personen)

5 dl Geflügelfond
1 kg Gemüselauch, gerüstet und in 5–6 cm lange Stücke geschnitten
Salz und Pfeffer
4 Pouletbrüstchen
1 dl Weisswein oder ½ dl trockener Sherry
50 g Tafelbutter

Den Geflügelfond in das Vapeur-Gerät oder in eine Pfanne einfüllen und erhitzen. Sobald die Flüssigkeit kocht, zurückschalten.

Die Lauchstücke in einen Aufsatz oder ein Sieb verteilen und während 5 bis 7 Minuten garen. Warm halten.

Die gewürzten Pouletbrüstchen in das gleiche Sieb legen, auf die dampfende Gemüsebrühe setzen, gut schliessen und während 5 Minuten im Dampf garen. Die Pouletbrüstchen sollen inwendig rosa bleiben. Beides (Gemüse und Fleisch) kurz warm halten.

Die restliche Brühe in ein Saucenpfännchen abgiessen. Weisswein oder Sherry zufügen und auf etwa 1 dl eindampfen lassen. Die Butter flockenweise darunterschwenken. Nach Geschmack nachwürzen.

Den Lauch auf vorgewärmte Teller oder Platte anrichten, das Fleisch darauf legen und mit dem kochend heissen Jus überziehen oder diesen separat dazu servieren.

Broccolipüree

(für ca. 8 Portionen)

500 g Broccoli

Gemüsefond

Salz, Pfeffer, 1 Prise Muskat

20 g Tafelbutter

1 El Rahm, geschlagen

Broccoli mit weichen Stielen und zarten Blättern über Gemüsefond im Dampf weich kochen. Fein pürieren, evtl. durch ein Sieb passieren und auf warmer Platte verdampfen lassen, bis das Püree trocken wird. Mit Salz, Pfeffer und Muskat würzen, vor dem Anrichten Butter und Rahm darunterziehen.

Selleriepüree

(für ca. 8 Portionen)

500 g Knollensellerie, geschält

3 dl Gemüsebrühe

1 dl Rahm, geschlagen

Salz, Pfeffer

1 Prise Muskat, frisch gerieben

Knollensellerie in Würfel schneiden und in der Gemüsebrühe weich kochen. Abschütten, mit dem Mixer sehr fein pürieren. Auf der Herdplatte bei mässiger Hitze verdampfen lassen, bis das Püree trocken wirkt. Den Rahm darunterziehen, locker mischen und würzen.

Variante: Zu Wild oder Schweinefleisch das Selleriepüree mit ein paar Tropfen Orangensaft abschmecken und 1 Tl blanchierte, ganz fein gehackte Orangenschale darunterziehen.

Sellerie und Broccoli: zuerst im Dampf gegart und dann püriert.
So kommt der Geschmack der verschiedenen Gemüse voll zur Geltung.

Spinatpüree

(für ca. 8 Portionen)

1 kg Spinat, geputzt, gewaschen

wenig Butter

1 Schalotte, gehackt

1 Msp Knoblauch, gehackt

Salz, Pfeffer

1 Prise Muskat

½ dl Rahm, geschlagen

Den Spinat ohne zu überwellen in etwas Butter, der Schalotte und dem Knoblauch andämpfen, bis er zusammenfällt. Mit Salz, Pfeffer und einer Prise frisch geriebenem Muskat würzen. Den Spinat mit einer Spur eigener Flüssigkeit im Mixer pürieren. Verdampfen lassen und mit dem Rahm verfeinern.

Lattichpüree

(für ca. 8 Portionen)

1 kg Lattich, gewaschen
1 Schalotte, gehackt
wenig Butter
1 kleine Kartoffel, gekocht
Salz, Pfeffer
1 Prise Muskat, frisch gerieben
½ dl Rahm, geschlagen

Den Lattich putzen. Stark grüne Blätter entfernen, da sie das Püree bitter machen. Die Schalotte in wenig Butter andämpfen, den Lattich in Stücke geschnitten beigeben und anziehen, bis er zusammenfällt. Zusammen mit der Kartoffel fein pürieren. Verdampfen lassen, würzen und den Rahm darunterziehen.

Kressepüree

(für ca. 8 Portionen)

500 g Brunnenkresse
500 g Gartenkresse
Gemüsebouillon
1 Kartoffel, gekocht
1 Prise Zucker
Salz, Pfeffer
etwas Butter oder
wenig Rahm, geschlagen

Die Gartenkresse schmeckt manchmal bitter und sollte deshalb ohne die feinen weissen Stiele verwendet werden. Die Brunnen- und die Gartenkresse in kochender Gemüsebouillon sekundenschnell blanchieren. Abschütten und ohne Flüssigkeit – zusammen mit der Kartoffel – fein pürieren. Verdampfen lassen, mit Zucker, Salz und Pfeffer würzen. Die Butter oder den Rahm darunterziehen.

Bündner Gerstensuppe

(für 8 Personen)

1 Kalbsfüssli
300 g geräuchertes Schweinefleisch
1 Speckschwarte
2,5 l Wasser
150 g Gerste
3 ganze Rüebli, in Scheiben geschnitten
½ Knollensellerie, in Streifen oder kleine Stücke geschnitten
1 besteckte Zwiebel
1 Suppenlauch, in feine Streifen geschnitten
etwas Selleriekraut, zusammengebunden
8 geräucherte Rippli, gekocht
Salz, Pfeffer, etwas Muskat und 5 Tropfen Tabasco

Währschafter Klassiker der Schweizer Küche: Bündner Gerstensuppe mit Gemüse, Kalbsfüssli und geräuchertem Schweinefleisch.

Kalbsfüssli, Schweinefleisch und Speckschwarte mit 1 l kaltem Wasser aufsetzen. Ohne Deckel aufkochen und das Wasser abschütten. Die Gerste, Rüebli, Selleriestücke und -kraut, Suppenlauch und Zwiebel dazugeben und soviel kaltes Wasser aufgiessen, bis alles gut bedeckt ist. Vom Siedepunkt an während 60 Minuten leise köcheln lassen.

Kalbsfüssli, Speckschwarte und Selleriekraut herausnehmen. Das Ripplifleisch in Würfel schneiden. In die Pfanne legen und die Suppe weitere 15 Minuten kochen lassen. Würzen und mit Rahm verfeinern. Anrichten und mit Petersilie überstreut servieren.

Rüeblischaumsüppchen mit grünem Pfeffer und Brotcroûtons

Die Rüebli schälen. Die Gemüsebouillon aufkochen und die Rüebli darin 30 Minuten weich kochen. Im Mixer mit der Flüssigkeit ganz fein pürieren.

Die Suppe vor dem Servieren erhitzen, den Rahm locker darunterziehen. Bis vor den Siedepunkt aufschwingen. Mit Salz, Pfeffer und Zucker abschmecken.

Zart und doch rassig wird diese Rüeblischaumsuppe. Die purierten Rüebli werden mit Rahm verfeinert und mit grünen Pfefferkörnern gewürzt.

Die grünen Pfefferkörner mit der Gabel zerdrücken und in heisse Suppentassen verteilen. Die schaumige Suppe über den Pfeffer anrichten.

Ganz kleine Brotwürfelchen schneiden. Die Butter zerfliessen lassen und die Brotwürfelchen darin goldbraun rösten. Auf Küchenpapier abfetten und auf die Suppe streuen.

Wichtig: Püreesuppen sollten immer erst unmittelbar vor dem Servieren püriert werden. Das Stehenlassen schadet ihnen, da so die feinen Aromastoffe verloren gehen.

Fritieren –
Kampf mit den Kalorien

Nicht eben den «gesunden» Kochmethoden zuordnen lässt sich das **Fritieren.** Der Verkauf von Fritiergeräten ist eher rückläufig. Da Hausfrauen den Fettgeruch in ihren eigenen Räumen fürchten, sind die Familienmitglieder oft angehalten, ihrem Gluscht auf Pommes frites auswärts zu frönen.

Wobei anzumerken wäre: Übler Fettgeruch deutet darauf hin, dass etwas mit dem Fritieröl nicht stimmt.

Im Prinzip bin ich gegen das Fritieren. Das Fritiergut nimmt eine grosse Menge Fett auf und enthält viele Kalorien. Andererseits handelt es sich um einen klassischen Kochprozess, dessen sich nicht zuletzt die chinesische Küche seit alten Zeiten bediente. Und als Abwechslung lasse auch ich mir Apfelküchlein oder fritierte Scampi gefallen, gelegentlich sogar knusprige Pommes frites oder ein nach originaler Art zubereitetes Wiener Schnitzel. Nur sollte es nicht zur Gewohnheit werden…

Wenn man selber fritiert, hat man die Möglichkeit, die Qualität zu bestimmen.

Wer nicht über eine Friteuse mit eingebautem Thermostat verfügt, kann sich mit Chromnickelstahl-Bratpfanne und Thermometer behelfen. Zu beachten ist: Jedesmal frisches Öl oder Pflanzenfett verwenden, und zwar erstklassiges, das sich hochgradig erhitzen lässt. Das Öl darf man nicht mehrmals gebrauchen. Steht es wochenlang herum, nimmt es Bakterien aus der Luft auf und verändert seinen Geschmack. Mehrfach erhitztes Fett ist nicht nur in geschmacklicher Hinsicht widerwärtig, es kann auch der Gesundheit schaden.

Zur Entsorgung giesst man das restliche Öl in Flaschen ab. In der Kochschule verwenden wir zum Fritieren oft Pflanzenfett, da es sich leichter entsorgen lässt: Wir geben es in Becher, wo es fest wird.

Das Öl soll auf eine bestimmte Temperatur (deshalb das Thermometer) erhitzt werden, die dann konstant bleibt. Sie richtet sich nach der Art und der Garzeit des Nahrungsmittels, das fritiert werden soll. Bei Scampi beispielsweise sind es 200–220°C, bei Pommes frites das erste Mal etwa 180°C, das zweite Mal etwa 40°C mehr. Regel: Je länger etwas fritiert werden muss, um

Scampi in einem Bierteig gewendet und schwimmend in der Friteuse ausgebacken. Dazu gibt's eine Senfsauce auf Joghurt-Basis.

so tiefer soll die Temperatur des Öls sein. Fertig Fritiertes wird zum Entfetten auf saugfähiges Küchenpapier gelegt und dann rasch serviert, damit es knusprig bleibt.

Doch nicht nur in Sachen Fett wird beim Fritieren gesündigt. Ein grundlegender Fehler besteht auch darin, dass man das Fritiergut erst in einem kalorienreichen Teig wendet, der in der Lage ist, noch mehr Fettstoffe aufzusaugen. In der billigen Küche kommt es vor, dass der preisgünstige Teig sogar die Hauptrolle spielt. Und in der nicht absoluten Frischküche kann es geschehen, dass man riechenden Fisch mit Hilfe von Zitronensaft und Teig so präpariert, dass er als solcher nicht mehr zu erkennen ist.

Der Teig sollte beim Fritieren nur eine sekundäre Rolle spielen und einzig aus Mehl und Bier, eventuell aus Weisswein und Mehl, vielleicht mit einer Spur Salz, zubereitet sein. Ei und Eiweiss zu verwenden finde ich eine weniger gute Gewohnheit. Damit das Gericht leicht wird, darf sich der Teig nur in einer dünnen Schicht um das Fritiergut legen. Je dünner die Teigschicht, um so weniger Fett nimmt sie auf.

Fritierte Scampi mit Joghurt-Senfsauce

(für 4 Personen)
12 grosse Scampi in Schale
Salz und Pfeffer aus der Mühle
20 g Brunnenkresse
2–3 l Öl
Teig
2 El Mehl
1 Tl Salz
1 Prise Muskat
1–1½ dl helles Bier
1 El Öl
Joghurt-Senfsauce
1 Becher Joghurt nature
1 Tl frischer, fein gehackter Dill
1 Tl Senf
Salz und Pfeffer
1 Msp abgeriebene Zitronenschale
1 El Mayonnaise
½ dl Rahm, geschlagen

Die Scampi sorgfältig aus der Schale lösen. Mit Salz und Pfeffer würzen.

Das Fritieröl erhitzen.

Für den Teig das Mehl mit Salz und Muskat mischen. Mit Bier und Öl anrühren, so dass der Teig von der Kelle tropft. Die Scampi kurz vor dem Auftragen durch den Teig ziehen und während 2–3 Minuten schwimmend backen. Auf Küchenpapier entfetten.

Alle Zutaten für die Sauce zusammen verrühren. Zuletzt, d. h. vor dem Servieren, den Schlagrahm locker unter die Sauce mischen. Die Scampi auf etwas Kresse legen und mit Joghurt-Senfsauce servieren.

Flambieren – Show am Tisch

Was für das Fritieren gilt, möchte ich auch für das **Kochen am Tisch** sagen: Wenn schon, dann mit Mass. Die Rede ist vom **Flambieren,** das schon verbreiteter in Mode war als momentan.

Am Herd durchgeführt, gehört das Flambieren durchaus zu den klassischen Kochmethoden. Auf dem Tisch ist es eher Spielerei, wenn nicht Show oder ein Gesellschaftsspiel…

Dabei hat das Kochen am Tisch eine ganze Reihe von Vorteilen: Die Gastgeberin kann alles vorbereiten und braucht sich nicht vom Tisch zu entfernen, denn der letzte Schliff wird dem Gericht ja dort gegeben. Warm halten ist nicht nötig, denn heisser als aus der Flambierpfanne kann ein Gericht nicht serviert werden.

Was lässt sich flambieren? Vorwiegend zarte Sachen mit kurzer Kochzeit, Vorspeisen ebenso wie Hauptgerichte und Desserts.

Und wie wird flambiert? Immer mit im Spiel ist Alkohol: Er verdunstet, doch die Aromastoffe bleiben zurück. Flambiert wird mit harten Schnäpsen, die geschmacklich abgestimmt sind auf das Nahrungsmittel. Fleisch und Geflügel kann man mit Whisky flambieren, Fische und Meerfrüchte süsslicher mit Cognac oder Armagnac, Kirschen mit Kirsch, Äpfel mit Calvados, Birnen mit Williams. Mit Likör wird parfümiert, Orangen beispielsweise mit Grand Marnier. Regel: Geschmacklich kräftige Alkoholsorten sollten nicht zum Flambieren von Fisch oder feinem Fleisch gebraucht werden.

Wichtig: Man muss trocken flambieren. Das heisst, dass die trockenen Zutaten in Butter erhitzt werden. Dann begiesst man mit dem Alkohol, zündet an und lässt ausbrennen. Heikle Sachen nimmt man aus der Pfanne, bevor man die Sauce zubereitet.

Auch beim Flambieren ist eine leichte Küche möglich. Man kann die Butter, den Rahm mengenmässig reduzieren, möglichst wenig Kohlehydrate dazugeben und wenig Alkohol verwenden. Gutes Brennen ist nicht abhängig von der Menge des Alkohols, sondern von dessen Qualität und der Hitze in der Pfanne.

Verzeichnis nach Sachgruppen

Rezeptregister nach Alphabet

INHALT

NOTIZEN

SCHWEIZERISCHE AUSDRÜCKE

anmächelig	appetitlich
(auf)schwingen	(auf)rühren, (auf)schlagen
Braisière	Schmortopf
Fideli	ganz feine Spaghetti
Gigot	Lamm-, Hammelkeule
Glace	Speiseeis
Hohrücken	Hochrippe
innert	innerhalb
Kabis	Weißkraut
Kefen	Kaiserschoten
Kren	Meerrettich
Laffe	Schulter
Laffenspitz	Siedfleisch vom Rind
Limes	Limetten
Milken	Kalbsbries
Nierstück	Rippenstück, Karree
Palourdes	Muschelsorte
respektive, resp.	beziehungsweise, oder
rezent	pikant
Rindshuft	Rindfleisch aus dem Hinterviertel
Rüebli	gelbe Rüben
runder Mocken	Rolle
Schwingbesen	Schneebesen
Stotzen	Rind-Hinterviertel
Tranchen	Scheiben
Vongole	graue kleine italienische Muscheln
Voressen	Ragout
währschaft	herzhaft
Wirz	Wirsing
(zu)rüsten	putzen, vorbereiten

324 Seiten mit rund 180 Rezepten.
40 Farbbildtafeln von Reinhart Wolf.
Format 21 × 27 cm.
Abwaschbarer Balacroneinband.
Farbiger Schutzumschlag.

Liebe Leserinnen und Leser,

zwei Kochbücher habe ich bislang im Südwest Verlag herausgegeben:
«Agnes Amberg's Internationale Kreationen» und das vorliegende «Besser kochen mit Agnes Amberg».

Die beiden Bücher sind von sehr unterschiedlicher Art, sowohl von der Gestaltung als auch vom Inhalt her.

«Internationale Kreationen» präsentiert sich sehr gediegen, luxuriös, und die Rezepte erfüllen den Anspruch der Haute Cuisine. «Besser kochen» ist auf die Praxis ausgerichtet, und die Rezepte entsprechen der bürgerlichen Küche. Das schliesst allerdings nicht aus, dass auch «Internationale Kreationen», in dem zu blättern eine Lust ist, eine Unzahl von praktischen Hinweisen enthält und dass auch «Besser kochen», obschon handlich und eine Lektüre voller Informationen, grafisch attraktiv gestaltet wurde.

Vor allem jedoch: Die beiden Bücher ergänzen sich auf eine ideale Weise. «Internationale Kreationen» richtet sich an Fortgeschrittene und solche, die es werden wollen, und «Besser kochen», das Grundsätzliches erklärt und eigentlich ein Kochlehrgang ist, an beide: Die Fortgeschrittenen ha-

ben bekanntlich nie ausgelernt, und für die weniger Geübten ist der Kurs eine ausgezeichnete Einführung in die Kunst des Kochens.

Kochenkönnen setzt in jedem Fall voraus, dass man das Prinzipielle beherrscht, erst dann kann man sich Spielereien erlauben. Aus diesem Grund baut das Buch systematisch auf; es beginnt bei den einfachen Kochprozessen und steigert den Schwierigkeitsgrad laufend.

Umfassend wollen und können beide Bücher nicht sein, beide stehen am Anfang einer Reihe. Denn dazu ist das Gebiet der Kochkunst zu weit und auch zu verlockend…

Herzlich Ihre

Agnes Amberg